Hugo Winckler

Auszug aus der vorderasiatischen Geschichte

EHV
HISTORY

Hugo Winckler

Auszug aus der vorderasiatischen Geschichte

ISBN/EAN: 9783955641207

Auflage: 1

Erscheinungsjahr: 2013

Erscheinungsort: Bremen, Deutschland

EHV
HISTORY

AUSZUG

AUS DER

VORDERASIATISCHEN GESCHICHTE

BEARBEITET

VON

HUGO WINCKLER

LEIPZIG
J. C. HINRICHS'SCHE BUCHHANDLUNG
1905

Hilfsbücher
zur Kunde des Alten Orients
2. Band

Weimar. — Hof-Buchdruckerei.

Vorwort.

Der vorliegende „Auszug" will durch die Art seiner Anlage die Aufmerksamkeit auf die verschiedenen politischen und kulturellen Mittelpunkte lenken, von welchen aus das Völkerleben des alten Orients bestimmend beeinflußt worden ist. Der gegebene Stoff wird fast ausschließlich durch die Urkunden des Orients selbst geliefert; in den wenigen Fällen, wo das nicht der Fall ist, macht sich für den Betrachter der Geschichte eine peinlich wirkende Unsicherheit bemerklich: man vergleiche die aus der klassischen Überlieferung geflossenen Nachrichten über das Mederreich und die biblischen über den Staat von Damaskus. Schon aus diesem äußerlichen Grunde fügt sich eine Behandlung der persischen Geschichte nicht in diesen Rahmen, denn für diese Zeit sind wir vorwiegend noch auf die klassischen Nachrichten angewiesen, die keine Betrachtung der Ereignisse vom Standpunkte des Orients aus — also so wie die Dinge sich in Susa darstellten — ermöglichen. Aber auch entwicklungsgeschichtlich sieht man in der Eroberung Babylons durch Kyros wohl besser das Ende einer Zeit als in der Eroberung des Orients durch Alexander. Vom Standpunkte des Griechentums aus mag das zunächst nicht einleuchten, aber der Orient kann auch nicht in seinem Wesen und seiner Entwicklung verstanden werden, wenn man ihn mit den Augen des Westeuropäers ansieht. Von Osten aus betrachtet, wird das Persertum als der Beginn einer Zeit zu gelten haben, an welche sich der Hellenismus anschließt. Diese eigenartige Erscheinung stellt gewiß das machtvollste Vordringen Europas nach dem Osten dar, darf aber in ihren Einwirkungen auf die große orientalische Welt nicht überschätzt und vor allem nicht nach den Erzeugnissen der schönen Künste allein beurteilt werden. Der Orient ist trotz alles Hellenentums Orient geblieben und hat günstigenfalls von ihm nur äußere Tünche angenommen, der westlichen Welt dafür aber von seinem Geiste viel eingeflößt. Im Islam hat er dann den Vorstoß Europas erwidert.

Die assyrische Geschichte hätte in ihren ersten Teilen manche Einzelheit mehr bieten können, wenn die neugefundenen Inschriften von Assur der Wissenschaft zugänglich gemacht wären. So viel ist aus den veröffentlichten Mitteilungen zu ersehen, die im übrigen noch nicht von fachmännischer Seite geprüft werden konnten.

April 1905.

Hugo Winckler.

Inhalt.

I. Einleitung.

A. Vorgeschichtliche Zeit.

Die Geschichte beginnt mit dem Vorhandensein geschriebener Urkunden. Deren Abfassung setzt bereits eine hohe Kulturstufe und lange vorherige Entwicklung der Kultur voraus. Diese hat also in einem vorgeschichtlichen Zeitraume stattgefunden, dessen Dauer vorläufig unabschätzbar ist. Über Vorgänge dieser Zeit kann man nur nach der Analogie allgemeiner Entwicklungserscheinungen und nach etwaigen Überresten in der geschichtlichen Zeit urteilen.

Der greifbarste Überrest dieser Zeit ist die Sprache, welche die assyrischen Gelehrten selbst als Sprache von Sumer und Sprache von Akkad bezeichnen. Der Unterschied beider ist der von Dialekten, welche hierdurch als süd- und nordbabylonischer unterschieden werden. Danach bezeichnet man das „Volk", dem diese Sprache angehörte, als Sumerer (und Akkader). Die Sprache ist von ganz anderem Bau als die semitischen, die Bevölkerung, welche sie sprach, gehört also einer ganz andern „Rasse" an. Eine Verwandtschaft mit etwaigen andern Sprachgruppen des mittleren und hinteren Asiens ist wegen der Schwierigkeit der Feststellung des Lautbestandes sehr bedenklich. Wahrscheinlicher ist, daß die betreffende „Rasse" (d. h. der Sprachstamm) ausgestorben ist, denn es handelt sich um eine graue Vorzeit.

Die „Sumerer" sind beim Beginn der Geschichte längst (S. 3) ausgestorben oder doch wenigstens durch neue Bevölkerungsschichten aufgesogen; ihre Sprache spielt bereits in den ersten uns bekannten Urkunden nur noch die Rolle des Lateinischen im Mittelalter, sie ist Schriftsprache, die künstlich gepflegt wird. Als solche hat sie sich im Kulte, also als religiöse und Gelehrtensprache durch die ganze Zeit der babylonischen Kultur, bis ins letzte Jahrhundert

v. Chr., erhalten. Hymnen und Beschwörungsformeln werden in späterer Zeit sumerisch mit assyrischer Übersetzung aufgezeichnet.

Bereits die ersten Urkunden und Denkmäler setzen ein hochentwickeltes Kulturleben voraus, das hiernach auf eine lange vorgeschichtliche Zeit zurückgeht. Nach der Analogie der späteren Zeiten wird man die „Sumerer" nicht als Volk, sondern als Vertreter einer „Rasse" einschätzen müssen, welche im Verlaufe ihrer Geschichte ebenfalls mannigfache Völkerschiebungen und Schichtungen gehabt, also aus verschiedenen „Völkern" bestanden hat.

Die Bedeutung der Sprache als der „heiligen" deutet auf die „Sumerer" als die „Begründer" der Kultur, insofern sie in ihrer Zeit die feste Organisation erhalten hat, welche für später maßgebend geblieben ist. Diese spricht sich vor allem in der Durchbildung von Kult und Religion aus: die Lehre von Religion und Wissenschaft ist bereits in jener vorgeschichtlichen Zeit entwickelt und die dadurch begründete Weltanschauung bleibt in ihren Grundzügen herrschend.

Diese ist, wie die Religion als Gestirnreligion sofort zeigt, auf die Beobachtung des Sternhimmels gegründet, und geht auf die Zeit zurück, wo die Frühlingstagesgleiche im Sternbilde der Zwillinge stattfand, d. i. ungefähr in der Zeit zwischen 5000 und 3000 v. Chr. und natürlich zu deren Anfang, nicht Ende.

Die „Präzession" des Schnittpunktes von Äquator und Ekliptik beträgt 72 Jahre für 1 Grad, 2200 Jahre für ein Tierkreiszeichen, 26000 Jahre für den ganzen Tierkreis. Seit dem 8. Jahrhundert v. Chr. beginnt das Frühjahr im Widder — daher werden die Tierkreiszeichen seit der Zeit mit diesem beginnend aufgezählt; (jetzt schon in den Fischen) seit etwa 3000 v. Chr. im Stier, zwischen 5000 und 3000 also in den Zwillingen.

B. Die Semiten.

Der Name semitische Völker beruht auf der Einteilung der „Völkertafel" (Gen. 10) und sprachlicher Verwandtschaft. Es trifft sich, daß die dort als Nachkommen Sems aufgezählten Völker tatsächlich „semitische" Sprachen sprachen oder doch (wie Elam) zu deren Bereich gehörten.

Als Heimat der semitischen Völker wird Arabien anzunehmen sein, die Völkerkammer, welche in geschichtlicher Zeit mehrfach ihren Überschuß an Bevölkerung in die Kulturländer abschiebt (Euphrat- und Niltal, Syrien). Am nächsten liegt ihr das Euphrattal, dieses ist den Einwanderungen von dort am meisten ausgesetzt, deshalb wird es auch am stärksten von ihnen betroffen und ist zu allen Zeiten der vornehmlichste Sitz der semitischen Völker im Kulturbereiche.

Die Einwanderungen stellen sich dar als Besitzergreifung des reichen Kulturlandes durch die Bevölkerung der weniger entwickelten Länder. Namentlich Arabien vermag mit seinen ungünstigen Bewässerungsverhältnissen nur eine beschränkte Bevölkerungszahl zu ernähren und gerade die Verhältnisse in seinen nördlichen Teilen zwingen die Beduinen, in ungünstigen Jahren Zuflucht im besser bewässerten Lande zu suchen. Die großen Schübe wiederholen sich in ungefähr gleichen Zwischenräumen, von denen die letzten zwei (drei) geschichtlich festgestellt werden können. Im einzelnen stellen diese Wanderungen, die sich auf so große Zeiträume verteilen, also Völkerwellen dar. Innerhalb der einzelnen sind große Verschiedenheiten der Einzelerscheinungen anzunehmen.

Feststellbar sind vier große Schichten oder Wellen, deren jede bis zu ihrem endgültigen Siege oder ihrem Versiegen ungefähr je ein Jahrtausend gebraucht hat. Es folgt also eine auf die andere, indem die folgende die vorhergehende schiebt, so daß die aneinanderstoßenden Teile sich miteinander mischen, beide ineinander hinübergreifen, die letzten Ausläufer der vorhergehenden also zeitlich mit den ersten der folgenden zusammenfallen. So lassen sich unterscheiden:

1. Die babylonisch-semitische Schicht;
Zeit: das 4. Jahrtausend.

Sie ist die erste, welche wir geschichtlich feststellen können, und wegen ihres Verhältnisses zu den „Sumerern" wohl auch tatsächlich die erste, welche das Kulturland besetzte. Beim Beginn unserer Kenntnis der Geschichte (um 3000) muß sie bereits am Ende ihrer Lebenskraft angelangt sein, denn bald darauf ist die nächste feststellbar. Ihre Bezeichnung soll andeuten, daß von ihr die Sprache der Keilinschriften herrührt (das Babylonisch-Assyrische), daß sie also den Untergrund der Bevölkerung des Zweistromlandes abgegeben hat.

2. Die kanaanäische oder amoritische Schicht;
Zeit: erste Hälfte des 3. bis Mitte des 2. Jahrtausends.

Der Name „kanaanäisch" ist deshalb gewählt, weil ihre Sprache am Boden Kanaans haftet, weil diese Schicht also zu Kanaan im gleichen Verhältnisse steht, wie die vorige zu Babylonien. Es soll nicht etwa damit ausgedrückt sein, daß sie von dort aus Babylonien überschwemmt hat. Es scheint, als ob der Teil, welcher in Babylonien (s. sogleich) zur Herrschaft kam, sich Amuri (Amoriter) nannte, so daß diese Bezeichnung vielleicht passend ist (aber auch nicht im biblischen Sinne mißverstanden werden darf). Zu ihr gehören: in Babylonien Herrscher des Reiches von Sumer und Akkad, dann die erste Dynastie von Babylon, deren Regierung die Hochflut dieser Wanderung in Babylonien bedeutet. Sie hat natürlich auch Assyrien stark betroffen und dessen Bevölkerung stark beeinflußt; eine besondere Schicht hieß vielleicht Ḫabiri, was dem biblischen ʿêber entsprechen kann. Im Westen: die Phönizier, welche den ältesten Teil darstellen, den wir hier kennen, die vorisraelitische Bevölkerung Kanaans (Amoriter und Kanaanäer der Bibel); Israel-Juda und seine Nachbarvölker (Edom, Moab, Ammon). Die letzteren stellen die letzten Unterteile dar, welche im Kulturlande Platz fanden, als bereits die nächste Wanderung im Gange war. — Aus dieser Welle ist vielleicht auch die Ausdehnung der gleichartigen Bevölkerung weiter nach Westen zu erklären: die Überschwemmung Ägyptens durch Semiten in dieser Zeit und die Ansiedlung einer solchen Bevölkerung in den sogenannten phönizischen Kolonien Nordafrikas und sonst an den Küsten des Mittelmeeres. Als rein phönizische Kolonien wären diese kaum denkbar. Die ganze Wanderung würde so eine genaue Parallele der arabischen (s. 4.) bilden.

3. Die aramäische Schicht;
Zeit: etwa seit Mitte des 2. bis in die 1. Hälfte des 1. Jahrtsds.

Sie ist die am wenigsten starke. Seit etwa 1500 nennen die assyrischen Inschriften als Beduinenbevölkerung, welche das Kulturland bedroht, die aḫlamû („Stämme"?) Aramaja, die genau die Rolle spielen, wie später die arabischen Beduinen. In der syrischen Steppe werden seit dieser Zeit in gleicher Rolle genannt die Suti und in Babylonien neben diesen beiden die Kaldi (Chaldäer), deren Vordringen also wohl eine frühere und gleichzeitige Abteilung dieser Völkerwelle darstellt. Syrien und Mesopotamien haben seit etwa 1000 v. Chr. eine vorwiegend aramäische Bevölkerung, auch Assyrien ist im offenen Lande stark von den neuen Einwanderern besetzt worden. In Babylonien sitzen überall im offenen Lande zwischen den alten Städten (S. 5) die Stämme der Kaldi und Aramu. Palästina ist nicht aramaisiert worden (weshalb sich dort das kanaanäische Wesen ungemischt erhielt, s. unter 2.), aber an der Nordgrenze Israels bestehen kleine aramäische Staaten und leiten zum ganz aramaisierten Syrien (Damaskus) über. Die Verkehrssprache des vordern Orients ist infolge dieser Bevölkerungsverhältnisse in der Zeit der Herrschaft Assyriens (seit dem 9. Jahrhundert) aramäisch.

4. Die arabische Schicht;
Zeit: seit dem 9./8. Jahrh. v. Chr. bis zum 7. Jahrh. n. Chr.

Im Jahre 854 wird zum erstenmale ein Fürst der Arba erwähnt; dann im 8. Jahrhundert Volk und Staat der Aribi im nördlichen Arabien. Die Araber drängen ständig gegen das Kulturland vor, finden sich in hellenistisch-römischer Zeit genau in derselben Rolle wie ein Jahrtausend vorher die Aramäer; das bleibt so unter persischer und byzantinischer Herrschaft, bis dann mit der großen religiösen Bewegung des Islam der ganze Orient überschwemmt wird und die Ausläufer der Bewegung über Ägypten bis an den Atlantischen Ozean und nach Europa dringen (vgl. unter 2).

Die arabische Schicht gehört also in ihrer wichtigsten Zeit einer späteren Geschichte an als der der altorientalischen Kultur.

II. Babylonien.

A. Das alte Babylonien.

Älteste Zeit.

Um 3000: die ältesten geschichtlichen Inschriften zeigen das Land in einzelne Königreiche zerfallen, welche alte Städte mit großen Heiligtümern zum Mittelpunkte haben. Diese Zustände werden als Auflösungserscheinungen älterer Staatenbildungen anzusehen sein, die sumerische Kultur und der größte Teil der Geschichte der „babylonisch-semitischen" Schicht (S. 3) muß bereits als früher und vorgeschichtlich angesehen werden. Die großen Städte mit ihren Heiligtümern reichen in ältere Zeit hinauf und besitzen schon lange ihr Ansehen als Göttersitze. Die einzelnen Stadtkönigtümer bekämpfen sich und suchen sich gegenseitig zu unterwerfen, so daß ein bunter Wechsel der Besitzverhältnisse stattfindet.

Landschaftlich kann man zwischen Süd- und Nordbabylonien unterscheiden (Sumer und Akkad S. 1), wobei ebenfalls die in weit frühere Zeiten zurückgreifende geschichtliche Entwicklung nachwirkt.

Die wichtigsten Städte sind in Südbabylonien: Eridu (Abu Šahrain, Ea-Kult), Ur (Mugajjir, Mondkult), Larsa (Senkereh, Sonnenkult), Nippur (Niffer, Kult Bels), alle vier durch ihren Kult auch als politische Mittelpunkte in der Vorzeit erwiesen; durch Inschriften ihrer Herrscher vertreten namentlich: Lagaš (Sir-pur-la geschrieben; Ruine Telloh), kultisch (Gott Nin-gir-su, eine Erscheinungsform des Nin-ib) weniger bedeutend, also wohl durch politische Verhältnisse dieser ersten geschichtlichen Zeit zu seiner Stellung erhoben; Isin (noch nicht aufgefunden, s. unten). — In der Mitte zwischen Nord- und Südbabylonien Uruk (Warka, Kult der Istar-Nana und des Anu); zeitweilig Sitz eines besondern Königreiches (S. 7). — In Nordbabylonien: Sippar (Abu-Habba, Sonnenkult), Kutha (Kult Nergals), Kiš durch Königsinschriften bekannt, seine Lage nicht bestimmt, mit der Schwesterstadt Ḫarsagkalama (mit gleichnamigem Heiligtume); Borsippa (Birs Nimrud, Kult des Nebo) die Schwesterstadt Babylons; Babylon (Kult des Marduk); Dûr-ilu (Kult des Anu).

Die ersten Inschriften von Königen von Lagaš sind von Ur-Nina, sein Sohn A-kur-gal, anfangs König, dann Patesi, dessen Nachfolger „Patesi von Lagaš".

Der Titel Patesi bezeichnet den Herrn eines der alten Stadtgebiete, also eines „Königreiches" als abhängig von einem andern König; er ist also von diesem eingesetzt und sein Vasall (sein Vizekönig, Satrap, Wali).

Die Nachfolger A-kur-gal's sind:

E-anna-du, der Urheber der Geierstele, Sohn A-kur-gal's.

En-anna-du I., ebenfalls Sohn A-kur-gal's.

En-temena, Sohn des vorigen. Sein Sohn Lum-ma-dumu nicht Patesi.

En-anna-du II.

En-litarzi.

Lugalanda.

Lücke?

Uru-ka-gina nennt sich König von Girsu und König von Lagaš, hat also letzteres wohl erobert.

En-ḫi-gal, König von Lagaš, in diese Zeit oder vor Ur-Nina gehörig?

Lücke?

Lugal-sug-gur, Patesi, Zeitgenosse Mesilim's von Kiš.

Lugal-ušum-gal s. S. 8.

Die Herrscher von Lagaš liegen im Streite mit Königen von Kiš, sind also wohl auch von dort aus unterworfen worden. Es sind bekannt (Reihenfolge und Lücken ganz unbestimmt):

Me-silim, König von Kiš, Oberherr von En-temena und Lugal-sug-gur von Lagaš.

Ur-šulpa-uddu, ungefähr Zeit von Lugal-zag-gisi von Uruk.

E-bil-ugun.

Man-ištu-su, wohl nach Uru-kagina.

. . . . . gi(?).

Uru-mu-uš.

En-šag-kuš-anna, „Herr (nicht: König) von Kengi (d. i. Sumer), König von [Kiš?]".

Ebenfalls als Gegner beider Königreiche und in abwechselnder Abhängigkeit werden genannt Könige von Opis (Uḫ) und einer Stadt, die mit einem noch unlesbaren Zeichen geschrieben wird (sieht aus wie das Zeichen für den Streitwagen); von Te (En-agalli und sein Sohn Ur-lumma); von Ma'er (Inschrift eines Königs I-be-Šamaš).

Lugal-zag-gi-si, König von Uruk, besitzt Ur, Larsa, Nippur, also ganz Südbabylonien (Sumer) und ist der erste, den wir als König eines größeren südbabylonischen Reiches kennen (!).

Lugal-ki-gub-ni-du-du und Lugal-si-kit „König von Uruk, König von Ur".

In späterer Zeit — vielleicht in einer Zwischenperiode des Reiches von Sumer-Akkad werden noch einmal Könige von Uruk erwähnt, welche sich auch noch König von Amnanu nennen. Der letztere Titel wird wieder hervorgesucht von Šamaš-šum-ukîn (S. 22). Wir haben Inschriften des Königs Sin-gašid von dieser Art, und eines Sin-gamil, der sich nur K. v. U. nennt und gleichzeitig mit dem ersten König der zweiten Dynastie von Babylon (S. 12) regiert zu haben scheint.

Die Schrift und Technik der ältesten Zeit ist bei den Denkmälern aus dem Süden (Lagaš, Uruk) anfangs noch einfach und urwüchsig, dagegen zeigt sie bei den nordbabylonischen eine höhere Entwicklung und feine Durchführung (Kiš), welche sich völlig mit der bei Sargon und Naram-Sin deckt. Die Sprache ist sumerisch.

Entsprechend der vollendeten nordbabylonischen Technik zeigt sich in Lagaš in einer zweiten Periode von Patesis eine feinere Ausführung von Schrift und Denkmälern, welche eine sehr schnelle Entwicklung der Kunst zu hoher Blüte darstellt. Diese Zeit fällt zunächst zusammen mit der Herrschaft des nordbabylonischen Reiches, dann des südbabylonischen von Sumer-Akkad.

Das nordbabylonische Reich Sargons.

Um 2800: Sargon von Agade (Šargani-šar-ali), bekannt aus seiner Geburtslegende (vgl. Moses, Kyros etc.), eigenen Inschriften, Omina nach Ereignissen seiner Regierung, Urkunden, die ebenfalls danach datiert sind. Er besitzt oder erobert ganz Babylonien nebst Elam, Syrien-Palästina, Mesopotamien (Suri), zieht „über das Meer des Westens" (mittelländisches), wo er drei Jahre (!) bleibt (vgl. S. 80). Er ist also der Herr eines babylonischen Reiches, das weiter reicht als das assyrische je später.

Er scheint Babylon als neue Hauptstadt seines Reichs gegründet zu haben. Seine Zeit fällt ungefähr in das Vorrücken der Sonne in das Zeichen des Stieres (S. 2). Babylon erringt sich allmählich die Rolle einer Hauptstadt der babylonisch-vorderasiatischen Welt, an Stelle der südbabylonischen Mondlehre tritt die vom Frühjahrsgotte Marduk (Planet Jupiter): Naram-Sin nennt sich „König der vier Weltgegenden" als König des Reiches.

Naram-Sin, sein Sohn. Fortsetzung der Eroberungen bis nach Arabien (Magan), wohin nie wieder bis auf die Zeit kurz vor dem

Islam (Sassaniden) und des Islams sich die Herrschaft der babylonischen Kultursitze erstreckt. Es ist also weiteste Verbreitung und Herrschaft der babylonischen Kultur in dieser Zeit anzunehmen.

Schrift und Technik der Urkunden entspricht der der früheren nordbabylonischen und zeigt Überlegenheit über die südbabylonischen. Siegesstele Naram-Sins (in Susa gefunden, wohin verschleppt); eine ähnliche in Mesopotamien bei Amid gefunden.

Unter beiden als Patesi von Lagaš: Lugal-ušum-gal, Ur-e, Lugal-bur, Ug-me; die meisten babylonischen Städte werden durch ähnliche Patesis verwaltet. Als solche Stadt gilt auch Susa; Elam gehört also völlig zum Bereiche der babylonischen Kultur.

Die Sprache der Inschriften ist zum erstenmale semitisch-babylonisch, worin also ein Gegensatz gegen den Süden mit seiner Betonung der älteren Kultur und ihrer historischen Rechte liegt.

Zwischen Naram-Sin und den folgenden Königen von Ur Lücke. In dieser Zeit sind bekannt eine Reihe von Patesis von Lagaš:

Ur-ma-ma.

Ur-ba-u, von ihm Statue mit Inschrift bekannt.

Ur-gar.

Nam-maḫ-ni, Schwiegersohn von Ur-ba-u. Inschrift.

Ka-azag.

Gudea, Inschriften und Statuen. Höchste Blüte der Kunst. Große Bauten in Lagaš, bezieht das Material aus allen Teilen Vorderasiens „vom Persischen bis zum Mittelmeere" aus Phönizien und Arabien (Magan und Meluḫa). Babylonischer Schiffsverkehr mit Arabien, also auf dem Persischen und Indischen Ozean bezeugt.

Ur-nin-gir-su, sein Sohn. Zeitgenosse von Dungi.

Galu-ka-ni.

Ur-lama, sein Sohn. Zeitgenosse von Dungi.

Galu-ba-u.

Galu-gu-la.

Das südbabylonische Reich.

Um 2600—2400. Die Dynastie von Ur.

Ur-gur der erste bekannte König (Begründer?) eines Reiches mit dem Sitze in Ur (vgl. S. 7), der Stadt des Mondkultes. Er nennt sich „König von Ur, König von Sumer und Akkad". Die Inschriften der Könige sind sumerisch, die Namen meist sumerisiert. Darin liegt eine Reaktion Südbabyloniens gegen die Herrschaft des Nordens. Ur-gur baut an fast allen Tempeln der alten großen Städte. Inschriften von ihm sind bisher nur aus Südbabylonien bekannt, jedoch hat er wohl auch Nordbabylonien und vor allem andere Länder des babylonischen Machtbereiches besessen.

Dungi, sein Sohn, regiert mindestens 50 Jahre. Er führt zunächst dieselben Titel, dann, etwas später als sein 29. Jahr, auch den eines „König der vier Weltgegenden". Von ihm auch Inschrift aus Nordbabylonien (Kutha) vorhanden, die semitisch abgefaßt. Er hat also die letzten Reste des nordbabylonischen Reiches an sich gerissen und dessen Erbe angetreten. — Von ihm Inschriften sind aus den wichtigsten Städten Babyloniens und eine Datenliste über seine Regierung vorhanden.

Bur-Sin I., sein Nachfolger. Die Datenliste gibt 9 Jahre. Von hier an tragen die Namen deutlich semitisches Gepräge, die Könige nennen sich unter Weglassung von „K. v. S. und A." nur „K. v. Ur, König der vier Weltgegenden".

War Bur-Sin der Sohn Dungis oder hat eine Umwälzung stattgefunden, welche von Nordbabylonien ausging und diesen ihren Charakter im Titel und den semitischen Namen der Könige ausdrückt? Der Sitz der Herrschaft bleibt aber auf jeden Fall im Süden und zwar in Ur!

Gimil-Sin, sein Nachfolger. Für 9 Jahre (mit Lücke dazwischen) die Datenliste erhalten.

I-be-Sin, sein Nachfolger.

Für die Folgenden sind die Lücken und Reihenfolge nicht bestimmbar: Bêl-bani; in die Dynastie gehörig? Mangelhaft bezeugt: Sin-eriba, Nergal-ilu, Gir (?)-dim-dim.

Um 2400—2300. Die Dynastie von Isin.

Titel: „König von Isin, König von Sumer und Akkad." Der Name der Könige ist semitisch und zeigt in Dagan „kanaanäischen" Einfluß (S. 3).

Die Reihenfolge ist ungewiß:

Bur-Sin II.

Gimil-Ninib.

Libit-Anunit.

Išbi-gir-ra.

Išme-Dagan; „König von I., König von S.-A." Derselbe wie oder zu unterscheiden von:

Išme-Dagan, „König von Sumer-Akkad", Vater von Gungunu.

Gungunu, sein Sohn; in einer Inschrift (wohl zu Lebzeiten seines Vaters) als „König von Ur" (!) bezeichnet.

Er soll in einer noch nicht veröffentlichten Inschrift „König von Larsa, K. von S.-A." heißen, also den Titel der folgenden Dynastie führen! Das würde auf eine Übergangszeit deuten.

Um 2300—2200. Die Dynastie von Larsa.

Die Herrschaft dieser Dynastie hat wohl nur verhältnismäßig kurze Zeit gedauert, sie fällt bereits völlig in die Zeit der Regierung der ersten Dynastie von Babylon, ihre Könige gelten zunächst vielleicht als Oberherren der Babylonier, was aber mehr Formsache gewesen sein kann als Ausdruck tatsächlicher Machtverhältnisse.

Titel: „König von Larsa, König von Sumer und Akkad."

Gungunu s. Dynastie von Isin.

Nur-Adad.

Rim-Anu, abhängig von Simti-Silhak von Elam.

Sin-iddina (Reihenfolge?).

Rim-Sin (sumerisch Rim-Aku).

Sein Vater ist Kudur-Mabuk, der als adda von Jamutbal und adda von Mar·tu (Amurru) und Sohn von Simti-silhak bezeichnet wird. Dieser Name ist elamitisch, so daß man das erstemal hier ein Auftauchen der späteren Bevölkerung von Elam feststellen kann. Elam gehört bis dahin zu Babylonien (S. 8. 47), trennt sich aber in dieser Zeit und wird zum Bedränger Babyloniens unter seiner neuen Bevölkerung. Vielleicht ist die Herrschaft Rim-Sins aus einem solchen Vorstoß der neuen Bevölkerung Elams zu erklären.

Um 2280 (1635 Jahre vor Assurbanipal — um 645) sollen elamitische Einfälle in Babylonien stattgefunden haben, bei welchen die Statue der Nana von Uruk weggeführt wurde.

Das Gilgameš-Epos setzt eine Bedrängung Uruks von Elam aus als geschichtlichen Hintergrund seiner Entstehungszeit voraus. Es hat in der Zeit der letzten Könige der 1. Dynastie von Babylon bereits seine Gestalt gehabt. Es kann also unter deren ersten Königen entstanden sein. Jedoch berichten auch frühere Fürsten (so Gudea) von Kämpfen mit Anšan und den elamitischen Nachbarvölkern, es können sich also solche Eroberungen von dort aus auch früher ereignet haben.

Rim-Sin wird entthront von Hammurabi, Ende des südbabylonischen Reichs, die Herrschaft geht nun endgültig auf Nordbabylonien über.

B. Das Reich von Babylon.

Etwa 2400—2100. Die erste Dynastie von Babylon.

Aus der Zeit dieser Dynastie liegen zahlreiche Privaturkunden (Verträge) vor, Briefe zum Teil von Beamten an die Könige, Inschriften der Könige (von Hammurabi an, aber nur von diesem zahlreichere). Hier beginnen die Listen der Könige von Babylon und die Datenlisten dieser Dynastie.

Die Namen der Könige und der Bevölkerung in den Verträgen und Briefen zeigen den „kananäischen" Charakter (S. 3) der herrschenden Bevölkerungsschicht. Diese wird allmählich aufgesogen.

Die Dynastie scheint von Sippar (S. 5) ausgegangen zu sein, Babylon ist aber Hauptstadt (vgl. S. 7) und überflügelt alle andern Städte immer mehr. Es bleibt für alle Zeiten anerkannt als Königstadt eines Weltreichs. Die Geschichte Babyloniens wird deshalb in der Hauptsache eine Babylons seit der Niederwerfung des Südens durch Hammurabi.

Die ersten Könige der Dynastie regieren wohl gleichzeitig mit denen von Isin (S. 9), die nächsten mit denen von Larsa.

Sumu-abu 14 (15) Jahre.

Ṣumu-la-ilu 35 J., wird nicht als Sohn des Vorigen bezeichnet. Gegner Ḫalampû und Jamur-zîr-ili, nach dem als Immêru zeitweilig datiert worden ist.

Zabû 14 J., Sohn d. Vor.

Abil-Sin 18 J., Sohn d. Vor.

Ḫammurabi 55 J., Sohn d. V. Er besiegt Larsa und vereinigt den Süden für immer mit dem Norden. (Das 14. Jahr vor dem Ende seiner Regierung datiert die Datenliste nach Siegen über Elam und Jamutbal — vgl. S. 10 über Kudur-Mabuk.) Kanalbauten und „Herstellung des Landes". Sein Gesetzbuch (gefunden in Susa, wohin es von Sippar verschleppt). In einer Inschrift wird er als König von Mar.tu (= Amurru) bezeichnet.

Samsu-iluna 36 (35) J., Sohn d. Vor.

Abešu'a (Ebišu) 25 J., Sohn d. Vor.

Ammi-satana 25 J., Sohn d. Vor.

Ammi-sadugga (d. i. ʿam-ṣadûḳ) 22 J., Sohn d. Vor. Sieg über einen König(!) von Susa (S. 50) erwähnt.

Samsu-satana 31 J., Sohn d. Vor.

Die Dynastie zählt 11 Könige mit etwa 276 Jahren (die Zahlenangaben schwanken in Kleinigkeiten in den Listen).

Nach **2100** bis um **1700**. **Die zweite Dynastie.**

Ebenfalls 11 Könige, deren Namen fast nur aus den beiden Listen bekannt sind. Die Namen sind zum Teil wohl künstlich sumerisch gestaltet. Wahrscheinlich hat die Dynastie ihren Ursprung im „Meerlande". So heißt später derjenige Teil Südbabyloniens, der am persischen Meere und an der Mündung der Ströme liegt. In früherer Zeit von Babylonien aus beherrscht, ist er in späterer den Einwanderungen von Ostarabien und Elam preisgegeben, so daß sich hier meist eigene Staaten bilden, die Babylonien vom Meere abschneiden (vgl. S. 14 und S. 17). Ein solcher Vorgang würde jetzt sich wohl abgespielt und eine Beherrschung Babyloniens von hier aus zur Folge gehabt haben.

... + 1 Jahr Ma-ilu. Durch Inschrift bezeugt. Zu seiner Zeit Sin-gamil König von Uruk (S. 7).

55 J. Ki-an-ni-bi.

36 J. Damiḳ-ili-šu (vgl. S. 18); auch in Inschrift aus der Zeit der folgenden Dynastie(?) erwähnt.

15 J. Iš-ki-bal.

27 J. Šu-uš-ši-aḫi.

55 J. Gul-ki-šar, wohl derselbe wie Gul-(Gir-)ki-šar, „König des Meerlandes", der 696 Jahre vor Bel-nâdin-apli (S. 17) regiert haben soll.

50 J. Kir-gal-dara-maš(bar).

28 J. Ai-dara-kalam-ma.

26 J. E-kur-ul-anna.

6 J. Melam-kur-kurra.

9 J. Ea-gâmil.

Als Gesamtsumme der Regierungen wird 368 Jahre angegeben, die Dynastie als die von Uru-azag(?) bezeichnet.

Etwa **1700** bis um **1150. Die Kassitendynastie.**

36 Könige, deren Gesamtregierung die Liste als 576 Jahre 9 Monate angibt.

Babylonien hat eine neue fremdartige Bevölkerung erhalten, welche sich Kaššû nennt. Nach den Resten ihrer Sprache gehört sie sicher keinem semitischen Zweige an, so daß man ihre Heimat im innern Asien suchen muß. Noch in Sinaḫeribs Zeit haben sich Reste von ihr im Zagros erhalten. Man wird sich vorzustellen haben, daß eine Wanderung aus Innerasien Elam (Medien) und Babylonien überschwemmt hat. Ein Kaššû-Krieger (Söldner) wird schon unter Ammi-sadugga (S. 11) erwähnt.

Die Bevölkerung Babyloniens wird mit einer starken Schicht der neuen Eroberer durchsetzt, die allmählich (in über 5 Jahrhunderten) aufgesogen wird. Die Königsnamen lassen mit ihrem am Schlusse wiederkehrenden rein babylonischen Gepräge diese Entwicklung erkennen.

Gan-diš (wenn so zu lesen, derselbe wie der König Ga-ad-daš eines Bruchstückes?) 16 Jahre.

agum Ši 22 J., Sohn d. Vor. Abgekürzter Name?

Es scheint als ob agum ein Titel war, den die Kassitenfürsten führten.

? ? -ia-ši (Bi-til-ia-ši? dann B. I) 22 J.

? -ši, Sohn d. Vor., 9(?) J.

A-du-me-taš.

Taš-zi-guru(?)-maš, wenn so zu lesen, derselbe, welchen der Folgende als seinen Vater nennt (vgl. über diesen).

Die Königsliste hat hier eine Lücke.

agum Kak-ri-me, Sohn von Taš-ši-gu-ru-maš; nennt sich König der Kaššû und Akkader, König von Babylon, der besiedelte Ašnunak, König von Padan und Alvan (etwa Medien), König der unruhigen Gutî (Nordländer, Armenien).

Er bezeichnet sich als den „mitregierenden Sohn des großen agum" — was darauf zu deuten scheint, daß sein Vater (dessen Gleichsetzung mit dem Vor. zweifelhaft ist) in einem andern Lande seinen Sitz hatte. Haben wir es mit Erscheinungen wie am Ende des Chaliphats zu tun? Seine Inschrift betrifft die Zurückführung der Marduk-Statue aus Ḫani, wohin sie in vorhergehenden Unruhen gebracht worden war. Hani entspricht dem östlichen Assyrien, so daß man vielleicht an die Mitani- (oder eine vorhergehende) Eroberung zu denken hat.

Lücke, in welche vielleicht ein König Sibir gehört.

Um 1500: Karaindaš; nennt sich König von Babylon, Sumer und Akkad, der Kaššû, von Karduniaš, setzt also die Kassiten bereits nach. Er wird von Burnaburiaš (in einem Tel-Amarna-Briefe) in einer Weise genannt, daß er als der Stammvater einer neuen Familie oder Beginner einer neuen Politik erscheinen könnte.

Vertrag mit Assur-rîm-nišî-šu von Assyrien, „gegenseitige Festsetzung der Grenzen".

K. hat auch in Elam geherrscht, da er als Ka-ri-in-taš in Inschriften von Silhak-In-Susinak (S. 51) erwähnt wird?

Lücke von einem oder mehreren Königen? Die Reihenfolge der nächsten Könige steht nicht ganz fest.

Um 1450: Kadašman-Bel; Beziehungen zu Amenophis III., Briefwechsel zwischen beiden (Tel-Amarna-Briefe). Der Ägypter schreibt babylonisch. Es haben Abmachungen mit Babylonien bestanden unter seinem Vater (Dhutmes IV.), er hat eine Schwester des Babyloniers in seinem Harem, erhält seine Tochter; verweigert ihm seine Tochter.

Inschrift eines .... -Bel d. i. [Kadašman-]Bel oder [Kudur-] Bel, welche von der Weihung eines Wagens für einen Gott handelt, in Abschrift aus Assurbanipals Bibliothek erhalten (sumerisch und assyrisch, das Original war also wohl nur sumerisch), hierher, in die vorige Lücke oder später (s. u.) gehörig?

Burnaburiaš I., Sohn d. Vor. (?); Zeitgenosse Amenophis' III.; Vertrag mit Puṣur-Assur von Assyrien, hat wohl nicht lange regiert.

Kurigalzu I., Sohn d. Vor.; Beziehungen zu Amenophis III. vom Nachfolger erwähnt; lehnt die Aufforderung der „Kanaanäer" zu gemeinsamem Vorgehen gegen Ägypten ab.

Burnaburiaš II., Sohn d. Vor.; Briefwechsel mit Amenophis IV.; beansprucht Lehnsoberhoheit über Assyrien (Assur-uballiṭ) und verlangt, daß Ägypten diese anerkennen soll; Assyrien beginnt also als Großmacht neben den andern Großmächten aufzutreten; vgl. die Ehe des Folgenden.

Über Ulamburiaš, König des Meerlandes, Sohn des Burnaburiaš, s. S. 17. Wenn sein Vater der König von Babylon war, so würde das unter dieser Dynastie Verhältnisse erweisen, wie sie durch die Erbteilung vom Jahre 854 (S. 19) bezeugt ist.

Karaindaš II. (Vertragsgeschichte: Karaḫardaš), Sohn d. Vor.; hat Muballiṭat-Šeru'a, die Tochter Assur-uballiṭ's zur Frau; Vertrag mit Assyrien in einer babylonischen Chronik bezeugt: „gegenseitige Grenze festgesetzt".

Kadašman-ḫarbe I., Sohn d. Vor. Unter ihm werden die Suti (S. 4) als die Beduinen genannt, welche das Kulturland bedrohen; er besiegt sie, baut „Festungen in Amurru" und gräbt Brunnen, und kolonisiert sie. Er hat also eine Verbindungslinie durch die Steppe nach dem Westen hergestellt. Der Weg durch Mesopotamien ist in den Händen Assyriens und der Mitani. Er wird in einem Aufstande der Kaššû ermordet.

Šuzigaš (die Vertragsgeschichte: Nazibugaš), der Führer des Aufstandes, wird durch Assur-uballit beseitigt. Dieser setzt seinen Urenkel, den Sohn d. Vor. ein:

Um 1300: Kurigalzu II., der als Kind auf den Thron kommt; lange Regierungszeit; zunehmendes Übergewicht von Assyrien, wo gleichzeitig Bel-nirari, Arik-dên-ilu und Adad-nirari I. regieren. Er besiegt Ḫurbatila von Elam, der sich ihm unterwirft. Die babylonische Chronik schreibt ihm einen Sieg bei Sugaga über Adad-nirari I. zu. Die Vertragsgeschichte spricht von einem Siege Bel-nirari's bei Sugaga über ihn, worauf Mesopotamien (Šubari) an Assyrien überlassen worden sei.

In einer Belehnungsurkunde wird unter Bitiliaš sein Krieg mit Su-maš-tu erwähnt d. i. Mesopotamien (das schon assyrisch, so daß, wie später öfter, Assyrien gemeint ist, oder noch Mitani?).

Nazimaruttaš 26 J. (die Königsliste setzt wieder ein), Sohn d. Vor. Krieg mit Adad-nirari I., infolgedessen auch Gebiet auf dem linken Tigrisufer abgetreten wird.

Kadašman-turgu 17 J., Sohn d. Vor. Assyrien unter Adad-nirari I. und Salmanasar I. gewinnt immer mehr das Übergewicht.

Kadašman-buriaš ? + 2 J. Krieg mit Salmanasar I., wobei es sich um Mesopotamien gehandelt zu haben scheint.

Kudur-Bel 6 J., Sohn d. Vor.

Šagarakti-suriaš 13 J., Sohn d. Vor. Ein Siegel Tukulti-Ninib's von Assyrien, das als Š's Eigentum bezeichnet war, fand Sanherib „600 Jahre" später in Babylon (S. 22).

Bitiliaš (II.?) 8 J., Sohn d. Vor. Die Vertragsgeschichte berichtete Krieg mit Assyrien (unter Tukulti-Ninib), er wird gefangen nach Assyrien gebracht.

Bel-nâdin-šum 1½ J. Ist wohl von Tukulti-Ninib in Babylon als König eingesetzt. Das ganze übrige Babylonien unter assyrische Verwaltung gestellt, Tukulti-Ninib nimmt die Titel „König von Karduniaš, König von Sumer-Akkad, König der vier Weltgegenden" an. Kidin-hutrutiš von Elam fällt in Babylonien ein, Nippur und Dûr-ilu verwüstet; der König abgesetzt.

Von jetzt an Elam und Assyrien im Kampfe um den Einfluß über das ohnmächtige Babylonien, wo aber beide die staatliche Selbständigkeit Babylons anerkennen.

Kadašman-ḫarbe II. 1½ J. War wohl vom Elamiter eingesetzt (fällt seine Regierung mit der d. Vor. zusammen?), deshalb wird er es sein, unter dem nun Tukulti-Ninib I. Babylon erobert, um dort seine Herrschaft 7 Jahre zu behaupten — so lange wie der nächste regiert, der also von ihm eingesetzt worden wäre.

Adad-šum-iddin 6 J. Unter ihm zweiter Einfall der Elamiter unter Kidin-hutrutiš, wohl als Gegenvorstoß gegen Assyrien, das durch innere Umwälzung seinen Einfluß verliert.

Deshalb zunächst Überwiegen elamitischen Einflusses und erneutes Vordringen Babyloniens gegen das zurückgehende Assyrien. Dabei handelt es sich vor allem um das Gebiet auf dem linken Tigrisufer (s. Nazimaruttaš) und Mesopotamien (s. Karaindaš, Kadašman-ḫarbe I.).

Adad-šum-nâṣir (?) 30 J. Übergewicht über Assyrien unter Assur-narara und Nabû-dajan durch Schreiben an beide bezeugt. Die Könige von Babylon führen in dieser Zeit den Titel „König der Welt" (šar kiššati). Er fällt im Kampfe mit Bel-kudur-uṣur von Assyrien (s. Marduk-aplu-iddin)?

Me-li-ši-pak 15 J.

Marduk-aplu-iddin (Merodach-baladan s. S. 20) I. 17 J., Sohn d. Vor.

War er derjenige, der mit Bel-kudur-uṣur den Krieg führte, in welchem dieser fiel?

Zamâmâ-šum-iddin 1. J. Assyrien besetzt das Gebiet auf dem linken Tigrisufer unter Assur-dan (S. 33); Z. wird durch Einfall der Elamiter(?) verjagt, sein Nachfolger regiert wahrscheinlich unter assyrischem Schutze:

Bel-nâdin-aḫi 3 J.; das hat erneuten Vorstoß Elams zur Folge, der zur Verwüstung des Landes führt; der Sohn des Königs von Elam Kûtur-nahunte als deren Urheber genannt. B. verliert Thron und Leben dabei: Ende der Kaššû-Dynastie (vgl. über Wegführung der Marduk-Statue unter Nabu-kuduri-uṣur I.).

Um **1150** bis um **1020**. **Die Dynastie von Paše.**

Die Königsliste gibt als vierte Dynastie 11 Könige mit einer Gesamtsumme von wohl 2(?) × 60 + 10 = 130(?) Jahren. Auch ihre Zeit wird, wie die der letzten Könige der vorhergehenden, durch das Verhältnis zu Assyrien und Elam bestimmt; die Zeit der politischen Vorherrschaft Babylons ist vorbei, wenngleich gelegentlich vorübergehende Erfolge gegen Assyrien errungen werden. Die Dynastie wird eine nationale Erhebung gegen Assyrien darstellen, welche zunächst entweder von Elam unterstützt wurde, oder, wie nach Nabu-kudur-uṣur's I. Worten scheint, vielleicht sich auch gegen dieses erhob. Von nun an stützen sich die Gegensätze der inneren Parteiungen immer mehr auf die beiden Großstaaten, bei denen sie abwechselnd Hilfe suchen. Es macht sich von jetzt an auch das Eindringen der Nomaden geltend, neben Suti (S. 4) und Aramäern, namentlich der Chaldäer (Kaldu), welche allmählich sich im Lande festsetzen und in viele kleine Stammesfürstentümer zerfallen, deren Häuptlinge (ra's) sich als „Könige" bezeichnen und durch Besetzung von Babylon sich die Legitimität und den Anspruch auf eine Großmacht zu erringen suchen.

Ma[rduk(?)] . . . . 17 Jahre; über das etwaige Verhältnis zu Elam s. oben; in Assyrien Assur-dan.

Ein König Marduk-aḫî-irbâ muß dieser Dynastie angehören.

? 6 J.; in Assyrien Mutakkil-Nusku.

Nabu-kuduri-uṣur (Nebukadnezar) I.; nennt sich Sohn von Ninib-nâdin-šum, von dem nicht feststeht, ob er König war (in diesem Falle ist er als sein Vorgänger anzusehen). Muß der 3. oder 4. König der Dynastie sein. Nennt sich Sproß von Babylon, betont also seine Abstammung (gegen Vorgänger und chaldäische Nebenbuhler?). Erfolgreiche Kriege mit Elam, dessen König während eines solchen stirbt; Zurückführung der (offenbar von Kutur-nahunte geraubten) Mardukstatue aus Susa. Krieg mit Assur-rêš-iši von Assyrien wohl auf beiden Seiten erfolglos. N. nennt sich als Besieger der Lulubî, Amurrî und Kaššî, ob Amurrû hier als Palästina zu fassen ist (vgl. S. 10), ist nicht sicher. Es wäre dann der letzte Vorstoß Babylons bis an das Mittelmeer. Die Unternehmung gegen Amurrû wird auch in einem Hymnus erwähnt, der die Rückführung der Mardukstatue aus Elam verherrlicht.

Eine Angabe einer Omen-Sammlung, daß Bel für 30 Jahre nach Elam gebracht werden würde, bezieht sich wohl auf diese Zeit, so daß 30 Jahre zwischen der Wegführung und der Zurückführung durch N.-k.-u. liegen.

Bel-nâdin-apli; Assyriens Machtstellung unter Tiglat-Pilesar I.

Marduk-nâdin-aḫi. Krieg mit Assyrien, Tiglat-Pilesar besiegt in zwei Kriegen Babylonien, erobert die großen nordbabylonischen Städte und Babylon selbst. Erfolge M's gegen T. vorher oder nachher anzusetzen? (er führt „418 Jahre" vor Sanherib Götterstatuen aus Ekallati nach Babylon).

Marduk-šâpik-zêr(-mâti); Zeitgenosse von Assur-bel-kala in Assyrien, „Freundschaft und Friede" zwischen beiden. M. wird gestürzt durch

Adad-aplu-iddin, „Sohn eines Niemandes"[1], dessen Tochter der Assyrerkönig heiratet, worauf weiterer Friede zwischen beiden Staaten besteht. Offenbar beiderseitige Ohnmacht.

.... 22 Jahre (Königsliste; oder, wenn am Anfange der Dynastie 3 Könige vor Nabu-kuduri-uṣur anzusetzen = dem Vorigen).

Marduk-...-... 1½ J.

Marduk-zêr-... 13 J.

Nabû-šum-... 9 J.

Die drei letzten Namen sind nur aus der Königsliste bekannt. Wenn der mittlere Teil des Namens des Vorletzten nicht zêr, sondern Mu ist, so ist er vielleicht derselbe wie der Marduk-nâdin-šum (vgl. S. 19) šar kiššati eines Lapislazuli aus Babylon. Der letzte = Nabû-šum-[libur] šar kiššati eines Gewichtes (Ente)? Man beachte diese Titel.

Um 1000. **Die Dynastie des Meerlandes.**

Drei Könige mit 21 (23) Jahren werden als „Dynastie des Meerlandes" bezeichnet.

Über das „Meerland" s. S. 11. Aus der Zeit der Kassitendynastie ist inschriftlich bezeugt „Ulamburiaš, König des Meerlandes, Sohn von Burnaburiaš". Die Herrschaft dieser Dynastie bedeutete also wohl die Herstellung eines ähnlichen Verhältnisses wie unter der zweiten Dynastie und unter Merodach-Baladan (S. 20).

---

[1]) d. h. einen Plebejer, weder aus Königsgeschlecht, noch einer der „Familien" angehörig. Sein Vater wird genannt!

Sim-maš-ši-ḫu 18 (17) Jahre, Sohn von Irba-Sin, aus der Dynastie des Damiḳ-ili-šu (S. 12); ermordet; begraben im Palaste Sargons. Die Sutî breiten sich vorher und in dieser Zeit in Nordbabylonien aus.

Ea-mukîn-šumi 5 (3) Monate, „König Südbabyloniens", Sohn Ḫašmars.

Kaššû-nâdin-aḫi 3 (6) J. im Palaste (Sargons? oder seinem eigenen?) begraben. „Bedrängnis und Hungersnot" unter seiner Regierung, infolge der Austreibung der Sutî.

Es muß damals noch ein Gebäude als „Palast Sargons" (S. 7) bestanden haben.

Etwa **1000—980. Die Dynastie von Bazi.**

Ulbar-šâkin-šum 17 (15) Jahre; begraben im Palaste Etir-Marduks (unbekannt).

Ninib-kuduri-usur 3 (2) J.

Šilani-šukamuna 3 Monate, begraben im Palaste Sargons.

Drei Könige mit 20 Jahren 3 Monaten.

Um **975. Ein Elamit.**

Der Name in der Liste und Chronik abgebrochen; regiert 6 Jahre; wird als besondere Dynastie gezählt; bezeichnet als Nachkomme von Ši-tur-[nahunte?].

Etwa **975—733. 22 Könige.**

Ihre Namen sind in der Liste fast ganz abgebrochen; sie sind aber zum großen Teile aus gleichzeitigen assyrischen und anderen Inschriften bekannt. Ihre Zeit fällt in die der Vorherrschaft Assyriens, Babylon ist politisch völlig von diesem oder Elam abhängig; Chaldäer und Aramäer sitzen im Lande, die großen Städte werden stark durch sie bedrängt.

.... 16 (26?) Jahre. Nabû-kîn-apli?

.... 8 Monate 12 Tage.

Zwei (?) weitere Könige.

Šamaš-mudammiḳ, Krieg mit Assyrien unter Adad-nirari II., während dessen Š. stirbt, sein Nachfolger ist:

Nabû-šum-iškun, zuerst Krieg mit Assyrien, dann Vertrag und Prinzessinnenheiraten, worauf Friedensschluß; Assyrien erhält das Gebiet am linken Tigrisufer (und Mesopotamien).

Ein König?

Nabû-aplu-iddin regiert mindestens 31 Jahre, stirbt 854. Unter Assurnasirpal 879 vergeblicher Versuch, durch Unterstützung von Suḫi (S. 29) am Euphrat aufwärts in das mesopotamische Gebiet einzudringen. Eine Inschrift über die Herstellung des Šamaš-Tempels in Sippar. Bei seinem Tode Streitigkeiten zwischen seinen beiden Söhnen:

854 — um 823: Marduk-nâdin-šum wird König von Babylon, Marduk-bel-usâti erhält Südbabylonien (vgl. S. 14). Letzterer greift seinen Bruder an, der sich um Hilfe an Assyrien wendet. Salmanasar II. schlägt 852 und 851 Marduk-bel-usâti auf dem linken Tigrisufer (Zaban) und vertreibt ihn aus Nordbabylonien; er opfert als Schutzherr in Babylon, Borsippa, Kutha und Marduk-nâdin-šum regiert unter seinem Schutze. Die Chaldäerfürsten bis zum „Meerlande" huldigen. Elam wird nicht erwähnt.

Um 825: Er scheint Šamši-Adad von Assyrien gegen dessen Bruder (S. 37) unterstützt zu haben.

Etwa 823—8?? Marduk-bala(ṭ)-su-iḳbî, Chaldäerfürst, mit Hilfe von Chaldäern, Aramäerstämmen, Elam und medischen Völkern (Namri) König von Babylon, wo der assyrische Einfluß wohl durch den Aufstand in Assyrien verloren gegangen war. Šamši-Adad's Zug (etwa 820?) nach Babylonien in seiner Inschrift ohne den Ausgang erzählt.

813: Zug von Assyrien (unter Šamši-Adad) nach „Kaldiland".

812: In Assyrien wird Adad-nirari III. König, Zug „nach Babylon". Herstellung des Verhältnisses von 850. König von Babylon wohl

Ba'u-aḫi-iddin. Er wird von A.-n. gefangen genommen — wann? Assyrische Züge nach Babylonien noch (803 „nach dem Meere", wohl das mittelländische gemeint); 796. 795 (Dêri d. i. Dûr-ilu, Nordbabylonien); 791. 783. 782 Itu'a (Chaldäerstamm).

Die beiden letzten Züge wohl schon unter Salmanasar III., offenbar dadurch veranlaßt, daß der Fürst des betreffenden Stammes sich zum König von Babylon gemacht hatte. 777 nochmals assyrischer Zug „gegen Itu'a". 771 „nach Gananate" (linkes Tigrisufer). 769 „gegen Itu'a". 767 „nach Gananate".

Der assyrische Einfluß geht mit dem Machtrückgang Assyriens verloren, Babylon ist den Chaldäern und dem Einflusse Elams preisgegeben; letzteres scheint aber auch in einer Zeit der Schwäche zu stehen (S. 51).

?—748: Nabû-šum-išku[-un oder iḳîša]. Wenn ersteres zu lesen, wohl derselbe, aus dessen Zeit eine Inschrift Aufruhr in Borsippa meldet. Der betreffende ist ein Chaldäer von Bêt-Dakuri (S. 44).

747—734: Nabû-nâṣir (Nabonassar). Politisch ist Babylon völlig bedeutungslos und kommt seit 745, wo Tiglat-Pilesar III. die

Chaldäer niederwirft, wieder völlig unter assyrischen Einfluß. Eine Losreißung Borsippas von Babylon in der Chronik bezeugt.

Mit Nabonassar beginnt der ptolemäische Kanon und die babylonische Chronik. Die Nachricht, daß er „alle Urkunden seiner Vorgänger habe zerbrechen lassen", ist wohl der Ausdruck für eine unter ihm durchgeführte Kalenderreform, welche dem Vorrücken der Tagesgleiche in den Widder Rechnung trug (vgl. S. 2). Der Beginn der Aufzählung der Tierkreiszeichen mit dem Widder würde seitdem durchgeführt sein.

734/33: Nabû-nâdin-zêr, Sohn d. Vor., wird in einem Aufstande gestürzt von

Nabû-šum-ukîn, einem „Provinzstatthalter", der sich nur 1 (2) ½ Monat behauptet und verdrängt wird von

732—730: Ukîn-zêr, einem Chaldäerfürsten von Bêt-Amukan, der sich wohl auf Elam stützt. Darum neues Eingreifen Tiglat-Pilesars; Ukîn-zêr wird beseitigt, Tiglat-Pilesar läßt sich selbst zum König von Babylon und Sumer und Akkad ausrufen.

729/728: Tiglat-Pilesar unter dem Namen Pulu König von Babylon.

727—722: Sein Sohn Salmanasar IV. als Ululai König von Babylon. Bei seinem Tode benutzt den Dynastiewechsel in Assyrien der Chaldäer

721—710: Marduk-aplu-iddin (II., Merodach-baladan) um sich zum König zu machen. Er ist Fürst von Bêt-Jakin (Meerland, S. 11), beruft sich auf seine Abstammung von einem König Irbâ-Marduk. Er stützt sich gegen Assyrien auf Elam.

721 (720): Schlacht bei Dûr-ilu, wo Sargon vergeblich versucht M.-b. zu vertreiben. Dieser hat 10 Jahre Ruhe, da Sargon im Norden und Westen beschäftigt ist. Babylonien (mit Elam) bildet die Hoffnung aller Widerstandsversuche gegen Assyrien im Westen.

Die Gesandtschaft M.-b's an Hiskia gehört wohl in diese Zeit (sonst 704) und bezweckte, den jungen König (720 zur Regierung gekommen) zum Abfall von Assyrien zu bewegen. Sie ist ein wichtiges Zeugnis für die diplomatischen Machenschaften, welche den ganzen Orient umfassen, genau wie zur Tel-Amarna-Zeit (S. 13).

710: Nach Niederwerfung aller andern Gegner wendet sich Sargon gegen M.-b., schlägt ihn und drängt ihn zunächst nach dem Süden, wo er sich noch einige Jahre in Bêt-Jakin behauptet, bis er nach Eroberung seiner Hauptstadt Dûr-Jakin in Elam Zuflucht findet (706).

In Babylon wird Sargon von der Gegenpartei (Priesterschaft) als Befreier empfangen und nimmt die Krone an, nennt sich aber nur „šakanak von Babylon", da er nicht als König dort residiert.

709—705: Sargon Herr Babylons und Babyloniens.

704/3: Sinaḫerib als Sargons Nachfolger in Assyrien und Babylon; veränderte innere Politik in Assyrien (gegen die Priesterschaft); Aufstand in Babylon:

Marduk-zâkir-šum behauptet sich nur einen Monat, dann verfällt das zur Selbständigkeit nicht fähige Babylon wieder

Marduk-aplu-iddin, der, von Elam aus unterstützt, sich wieder der Stadt bemächtigt. Er behauptet sich 9 Monate, bis Sinaḫerib in Babylonien erscheint und ihn bei Kiš besiegt; Babylonien wieder unter assyrischem statt elamitischem Einflusse. In Babylon setzt Sinaḫerib als König ein

702—700: Bel-ibnî, einen in Assyrien erzogenen Babylonier. Während Sinaḫerib (701) in Palästina beschäftigt ist, wird Bel-ibnî gezwungen sich an Elam anzuschließen; Bündnis mit Merodachbaladan (seinem Nebenbuhler!) und dem Chaldäerfürsten Mušezib-Marduk (Šuzub, der Chaldäer). Der Aufstand rettet Jerusalem (S. 43), dessen Belagerung Sinaḫerib aufgibt, um sich nach Babylonien zu wenden, wo er die beiden Chaldäer verjagt und Bel-ibnî absetzt. An seiner Stelle setzt er ein seinen Sohn

699—694: Assur-nâdin-šum. Unruhen in Elam, so daß Babylonien Ruhe hat.

694: Seeunternehmung Sinaḫeribs auf eigens dazu erbauten Schiffen vom „Meerlande" aus nach Elam gegen die dorthin geflüchteten Chaldäer von Bêt-Jakin. Gleichzeitig fällt Ḫalludus von Elam aus in Nordbabylonien ein, das er verheert. Sippar verwüstet. Assur-nâdin-šum gefangen nach Elam geführt (Sinaḫerib erwähnt nichts mehr von ihm). In Babylon wird von Elam eingesetzt

693: Nergal-ušezib (Šuzub, der Babylonier), der sich 1½ Jahr behauptet, von Norden aus gegen den in assyrischen Händen befindlichen Süden vorzudringen sucht, Nippur besetzt, Uruk von den Assyrern erobert. Er wird bei Nippur geschlagen und gefangen.

692—689: Der Chaldäer Mušezib-Marduk (vgl. unter Bel-ibnî), als Führer einer zusammengelaufenen Schar „Gesetzloser", macht sich zum König von Babylon, mit Hilfe der Chaldäer, Aramäer, medischer Völker (Anṣan) und Elams (vgl. Marduk-balaṭ-su iḳbî S. 19). Er benutzt den Tempelschatz Marduks um die Hilfe Elams (Umman-menanu) zu erkaufen.

691: Schlacht bei Ḫalule; Sinaḫerib schreibt sich den Sieg über M.-M. und Umman-menanu zu, die babylonische Chronik spricht von Niederlage: M.-M. behauptet sich noch.

689: Umman-menanu in Elam gestorben, Babylon wird von Sinaḫerib erobert und zerstört, Marduk und die Götter Babylons nach Assur geführt, Aufhebung von Stadt und Staat Babylon.

688—681: Babylon als Wüstland. Schon gegen Ende dieser Zeit scheint Sinaḫerib gezwungen worden zu sein, die Erlaubnis zum Wiederaufbau und zur Wiederbesiedlung zu geben. Sein Sohn Assur-aḫ-iddin verwaltet während dieser Zeit Babylonien? Sinaḫerib (in Babylon?) ermordet. Der Wiederaufbau wird ausgeführt während der Regierung von

681—669: Assur-aḫ-iddin, der sich šakanak von Babylon (vgl. S. 21 Sargon) nennt. Aufbau des Marduktempels Sagila. Die Chaldäer von Bêt-Dakuri, welche das Gebiet Babylons während der Wüstzeit besetzt hatten, werden vertrieben. Als der Aufbau der Stadt fast vollendet ist, kommt es in Assyrien zum Aufstand des assyrischen Adels gegen Assur-aḫ-iddin und seine Begünstigung Babylons. Er wird gezwungen seine beiden Söhne zu Mitregenten anzunehmen und zwar wird Babylon dabei die abhängige Stellung zugewiesen, welche es vorher innegehabt hatte (S. 19).

668—648: Šamaš-šum-ukîn, Sohn Assur-aḫ-iddins und einer Babylonierin, König von Babylon.

668: Die Mardukstatue nach Babylon zurückgebracht.

Der Gegensatz zwischen den Weltherrschaftsansprüchen Babylons, seiner geistigen Führerschaft und der politischen Oberhoheit Assyriens birgt den Kern zu Unabhängigkeitsbestrebungen. Šamaš-šum-ukîn bringt ein Bündnis zusammen zwischen Elam, den Arabern, den „Ḳutî“ (Nordländer), Palästina gegen Assyrien. Er verweigert Assurbanipal die Vollziehung der Opfer in Babylon, Borsippa, Kutha (S. 19). Belagerung von Kutha, Babylon, Sippar. Šamaš-šum-ukîn kommt durch Feuer um (Sardanapal-Legende?).

647—626: Assurbanipal für den Rest seiner Regierung unter dem Namen Kandalanu auch König von Babylon (vgl. Tiglat-Pilesar III. und Salmanasar IV.). Bei seinem Tode gelingt es wieder einem Chaldäer Nabopolassar auf den Thron zu kommen.

C. Das neubabylonische, chaldäische Reich.

625—605: Nabû-aplu-uṣur (Nabopolassar), ein Chaldäerfürst. Das Reich erscheint deshalb als ein chaldäisches und die Babylonier werden als Kasdim in der Bibel bezeichnet, wie im 15. Jahrhundert in den Tel-Amarna-Briefen als Kaššû. Zunächst besitzt N. nur das Königreich Babylon, Assyrien die übrigen Teile Babyloniens, die mit dem allmählichen Verfalle Assyriens an Babylon kommen. Bündnis mit den Medern; während der assyrische Hof Verwandtschaft mit dem Königshause von deren westlichen Nachbarn, den Aškuza unterhält, hat Nebukadnezar eine medische Prinzessin zur Frau.

609: Nabopolassar nennt sich bereits šar kiššati und beteiligt sich an der Niederwerfung Assyriens durch die Meder unter Kyaxares. Diese verwüsten die großen Städte Mesopotamiens, Assyriens und auch Babyloniens, welche sie für N. erobern. Der altbabylonische Besitzstand wird an diesen abgetreten nach dem Falle von Ninive (606). Babylon ist damit noch einmal die Hauptstadt eines vorderasiatischen Reiches.

Es scheint, als ob Babylonien auch Gebiete auf dem linken Tigrisufer erhalten habe: im Süden hat ihm naturgemäß das ganze babylonische Gebiet gehört. Das Grenzland zwischen Assyrien und Medien, Arpaḫ (S. 26. 28), ist unter Nebukadnezar ebenfalls babylonisch, und es sind Inschriften von ihm in Susa gefunden worden.

605—586: Nabû-kuduri-uṣur II. (Nebukadnezar), Sohn d. Vor. Er war bereits bei Lebzeiten seines Vaters mit der Führung der Regierung betraut, und führte das Heer, welches die nach dem Falle von Ninive Babylon zugefallenen westlichen Provinzen besetzen sollte. Auf diese hatte mittlerweile Necho von Ägypten die alten Ansprüche der Pharaonen erhoben und sie besetzt.

(609 oder) 608: Schlacht bei Megiddo (l. Migdol d. i. Caesarea?), wo Josia von Juda, wohl im Gefolge eines assyrischen Statthalters fällt, welcher Necho vergeblich Widerstand zu leisten versucht. Dieser besetzt Syrien bis an den Euphrat und stößt

605: bei Karkemiš mit Nebukadnezar nach dem Falle von Ninive zusammen. Necho geschlagen, muß alles besetzte Gebiet räumen und sich nach Ägypten zurückziehen. Nebukadnezar folgt ihm um das Land zu besetzen, als ihn in Palästina die Nachricht vom Tode seines Vaters trifft. Er geht in einem Eilmarsche durch die Steppe nach Babylon um sich und den Chaldäern die Herrschaft zu sichern.

602: In seinem „dritten Regierungsjahre" Aufstand in „Ḫattiland" (d. i. Syrien) in Amananu (Antilibanon, Beḳaʿa). Damals schon Heerlager zu Ribla? In diesem Jahre nach der Bibel Abfall Jojaḳims.

Zwei Inschriften im Wadi Brissa im nördlichen Libanon berichten, daß er Zedern von dort geholt hat. Eine weitere Inschrift am rechten Ufer des Nahr-el-kelb gegenüber den assyrischen (S. 34) kann auch aus seiner späteren Zeit herrühren.

Inschriften mit Nachrichten über N.'s Kriege sind noch nicht bekannt, ein Bruchstück erwähnt in seinem 37. Jahre (568) einen Zug gegen [Ama]-a-su (Amasis) von Ägypten.

597: Jojachin von Juda ergibt sich nach 3 monatiger Belagerung. Zedekia als König eingesetzt, der zum Aufstande gezwungen wird (in Hoffnung auf Ägypten: vgl. Tyrus).

587—574: Nach der Bibel (Ezechiel) 13 jährige erfolglose Belagerung von Tyrus (König Ithobal III.), das sich auf Hophra (Apries) von Ägypten verläßt.

586: Jerusalem erobert und zerstört; die „Babylonische Gefangenschaft".

568: Krieg mit Amasis von Ägypten, der im Bunde mit Inselmächten (S. 81) steht.

N's zahlreiche Inschriften berichten von seinen Bauten. Er hat Babylon völlig umgebaut und mit neuen Befestigungen versehen, so daß die Stadt den Charakter seiner Zeit trägt. Ebenso große Neubauten in den andern großen Städten. Die „hängenden Gärten der Semiramis" sollen Parks auf Terrassen (?) sein, welche er für seine medische Frau (S. 23) anlegen ließ.

Der Stil der Zeit ahmt in Schrift und Sprache die der ersten Dynastie (S. 10) nach.

Zahlreiche Geschäftsurkunden aus dieser und der folgenden Zeit gestatten Einblicke in das geschäftliche und Rechtsleben Babylons.

562—560: Amel-Marduk (Evil-Merodach der Bibel), Sohn d. Vor. Er gibt den gefangenen Jojachin frei, d. h. er gibt die Erlaubnis zur Wiederherstellung eines Staates Juda. Das ist das Gegenteil der Politik seines Vaters. Damit steht im Einklang die fast wörtlich übereinstimmende Überlieferung in einer Inschrift Nabû-na'id's und bei Berossus, daß er „ungesetzlich und tyrannisch" regiert habe. Er wird ermordet und ersetzt durch seinen Schwager

560—556: Nergal-šar-uṣur (Neriglissor). Das Verhältnis zu Medien scheint in seiner Zeit (wegen der Beseitigung der Familie Nebukadnezars?) getrübt zu sein, diese besetzen Mesopotamien (Harran bedrängt).

556: Labâši-Marduk, Sohn d. Vor., kommt als Kind auf den Thron, wird in gleicher Weise von der Überlieferung schlecht beurteilt; nach 9 Monaten ermordet.

556—539: Nabû-na'id, ein Babylonier, wird auf den Thron gehoben. Er bemüht sich den Forderungen der Priesterschaft durch große Tempelbauten und Herstellung der Einkünfte zu entsprechen und erregt wohl dadurch die Unzufriedenheit der Heerespartei. Er scheint von dieser in Temâ gefangen gehalten worden zu sein, während an der Spitze des Heeres sein Sohn Bel-šar-uṣur (Belsazar) steht, der in Wirklichkeit die Regierung führt, während alles in Nabû-na'id's Namen geschieht.

553: Mesopotamien wird durch den Sturz von Astyages durch Kyros frei. N. baut am Tempel des wieder „befreiten" Harran, wozu „von Gaza an der Grenze Ägyptens, dem oberen (Mittelländischen) Meere, dem Euphratufer (Syrien) bis zum unteren (Persischen) Meere die Könige, Statthalter und Untertanen" beisteuern müssen.

549: Eine babylonische Chronik berichtet über die einzelnen Jahre bis zum Falle von Babylon. Kyros wendet sich erst nach Niederwerfung des ganzen übrigen Vorderasien gegen Babylonien. Das Heer unter Bel-šar-uṣur wird

539: am Kanal Ṣalṣallat bei Opis geschlagen, Nabû-na'id kommt frei und versucht vergeblich einen Widerstand zu organisieren. Babylon nimmt Kyros als Befreier auf. Sein Sohn Kambyses, dann er selbst, wird zum König gekrönt. Unter beider Herrschaft wird das neue Perserreich noch stark als Erbe alter babylonischer Überlieferungen gedacht, weshalb die Perserkönige sich „König von Babylon, König der Länder" nennen. Erst Xerxes nimmt nach einem Aufstande Babylon das Königsrecht und macht es aus einem Kronlande zu einer Provinz wie jede andere.

539: Inschrift von Kyros nach Einnahme von Babylon. Er gibt den Juden die Erlaubnis zur „Rückkehr", d. h. bestätigt die Verfügung Amel-Marduks.

530—522/1: Kambyses „König von Babylon, König der Länder".

520: Aufstand von Nidintu-Bel (Nabû-kuduri-uṣur III.) gegen Darius.

480(?): Aufstand unter Šamaš-irbâ gegen Xerxes während des griechischen Zuges. Xerxes zerstört den Marduktempel, der von da an in Trümmern bleibt.

331—323: Alexander will Babylon zur Hauptstadt seines Weltreiches machen, unternimmt den Aufbau von Sagil und sucht die Schiffahrt auf dem Euphrat wiederherzustellen. Nach seinem Tode wird Babylon von den Seleukiden aufgegeben und das schon in der Perserzeit aufgekommene Opis-Seleukeia (später Ktesiphon) am Tigris wird Hauptstadt des Seleukidenreiches, das bald die Residenz nach Syrien (Antiochia) verlegt.

III. Mesopotamien und Assyrien.

A. Mesopotamien.

In der Zeit der altbabylonischen Reiche scheint Mesopotamien, d. i. das Land zwischen Euphrat und Tigris oberhalb Babyloniens (daneben noch *Παραποταμία* das Gebiet am — rechten — Euphratufer genannt) und südlich vom armenischen Gebirgslande, als natürlicher Anhang von „Sumer und Akkad" zu gelten. Es wird geographisch als Suri bezeichnet, dessen Ausdehnung im weiteren Sinne von Anṣan d. i. Medien im Osten bis nach dem westlichen Kleinasien reicht, daher „Anṣan und Suri" schon in alter Zeit als zusammengehörig auftreten, wie in der medischen Zeit (S. 82).

Suri (= Syria) ist später durch die assyrische Herrschaft gleichbedeutend mit dessen eigenstem Machtgebiete geworden und wird nach Assyriens Sturz (S. 46) wieder Bezeichnung dafür. Da es in dieser Zeit von einer aramäischen Bevölkerung bewohnt wird, so wird „syrisch" und „aramäisch" ebenfalls gleichbedeutend.

Im weiteren Sinne gehört danach zu Suri das Gebiet östlich vom obern Zab bis an die medischen Gebirge, wo die wichtigste Stadt Arbael (Kult der „Istar von Arbael") in vorassyrischer Zeit die Rolle des Mittelpunktes der Landschaft gespielt haben muß. Etwaige selbständige Staatenbildungen scheinen unter dem Namen Arpaḫ (Arrapachitis) bestanden zu haben.

Aus vorassyrischer Zeit sind in der Nähe von Kerkûk Inschriften eines „Buḫia, Sohn Asiri's, König des Landes Ḫuršiti" gefunden worden.

In nachassyrischer Zeit ist das Gebiet zunächst wieder zur persischen Provinz Babylon gekommen (als „Assyrien"), dann hat es unter parthischer Herrschaft eine Zeitlang wieder ein selbständiges (Vasallen-)Königreich „Adiabene" (nach den beiden Zab genannt) gebildet, dessen König im 1. Jahrhundert (Izates, Königin Helena) zum Judentum übertrat.

Zwischen oberem Zab und Tigris liegt der Teil des späteren „Landes Assur", welcher den Kern bildet. Hier liegen die Hauptstädte Kalḫl (Nimrud), durch Salmanasar I. (S. 32) zur Residenz erhoben, und Ninive (Kuyundšik), das in dieser Landschaft in ältester Zeit die Rolle des kultischen Mittelpunktes („Istar von Ninua") gespielt haben dürfte. Zwischen den Mündungen der beiden Zab, auf dem rechten Tigrisufer, also zum „mesopotamischen" Gebiete gehörig, und an einem Grenzgebiete zwischen Babylonien und „Mesopotamien" liegend, ist Assur (Ḳalʿa Sergat; Kult des Gottes Assur, einer Erscheinungsform des Anu, daneben die Istar von Assur. Der Kult ist also in der Hauptsache ähnlich wie in Uruk) wohl seit ältester Zeit (s. unten) eine Kultstadt wie die babylonischen, deren Patesi unter der Oberhoheit des jeweiligen Herren der babylonischen Staaten stehen. Das Gebiet „zwischen Euphrat und Tigris" scheint im selben Sinne wie „Sumer und Akkad" als Reich der Hauptstadt Ur (S. 8), als Reichsgebiet von Kiš gegolten zu haben. Die Assyrerkönige nennen sich bei der Ausdehnung ihrer Herrschaft auf Mesopotamien König von kiššati, d. i. „König der Welt", worin eine Anspielung auf Kiš liegt, und das ein Gegenstück zum nordbabylonischen Titel „König der vier Weltgegenden" (S. 7) bildet. Durch Selbständigkeit der Patesi von Assur in der Kassitenzeit wird Assur Königstadt und besetzt die Landschaft, welche nach ihm den Namen Assur empfängt, und darauf das übrige Mesopotamien.

Stromaufwärts liegt nördlich von der Mündung des obern Zab Steppengebiet, mit dem Gebirge Singara, das ein kleines Gebiet für sich bildet und noch wenig bekannt ist, es gehört naturgemäß in assyrischer Zeit zu diesem und wird unter diesem Namen genannt.

Die Steppe führt dann über in das Flußgebiet von Ḫabûr und Balîḫ. Beide Flußläufe sind im Altertum mit Ortschaften dicht besetzt gewesen. Die wichtigste Stadt ist Harran am oberen Balîḫ mit dem Heiligtum des Mondgottes Sin, das ein Gegenstück zu dem südbabylonischen in Ur bildet. Hier hat sich altorientalische Wissenschaft bis in die Zeit des Islam (unter dem Kalifen Mamûn) erhalten. Durch kleine Versuchsausgrabungen sind Altertümer in Arban am mittleren Ḫabûr und in Râs el-ʿain, an einem Quellflusse des Ḫabûr, gefunden worden. Im östlichen Quellgebiete des Ḫabûr liegt Naṣibina (Nisibis). Ein großer Teil des nordmesopotamischen Gebietes ist Steppenland (d. h. nicht dauernd bewässert) und zu allen Zeiten von Beduinen besetzt gewesen. Diese dringen daher meist von dort aus in die dauernd besiedelten Gebiete vor, so daß die verschiedenen Einwanderungen hier am leichtesten Boden gewinnen konnten. Die aramäischen aḫlamû (S. 4) werden seit der Mitte des zweiten Jahrtausends hier und auf dem rechten Euphratufer genannt. Überhaupt hat der Euphrat, namentlich im oberen Laufe meist keine Landes- und Völkerscheide gebildet.

Seit 3000: Mesopotamien zum babylonischen Machtbereich gehörig; ein Verhältnis zu Kiš (s. oben)?

Um 2800: Sargon (S. 7) besitzt „Suri", das als einheitlich erscheint, sich gegen ihn empört und niedergeworfen wird.

Die zweite semitische Einwanderung muß Mesopotamien stark betroffen haben, seitdem erscheint das Gebiet auf dem rechten Euphratufer im Besitze der Amurrû, die allmählich nach Westen gedrängt werden, so daß der Name dort haften bleibt.

Um 2150: Hammurabi erwähnt Assur und Ninive als Städte, die er, nach einer also vorausgegangenen Zerstörung, hergestellt habe. Assur wird auch in einem Briefe aus dieser Zeit erwähnt. Es ist also eine ehemalige Patesi-Stadt, die ebenso unter Hammurabi steht wie unter früheren Königen.

Ammisatana nennt sich „König von Kiš" (= König der kiššati) vgl. S. 27.

2. Jahrtausend: Das Vordringen „hethitischer" Völker (S. 56) bringt ganz Suri unter deren Herrschaft; um 1500 besteht daher hier der Staat von Mitani, der von den ägyptischen Eroberern der 18. Dynastie erwähnt wird und dessen Könige durch besonders umfangreiche Briefe im Funde von Tel-Amarna (S. 13) vertreten sind.

Diese Briefe sind in babylonischer Sprache und Schrift abgefaßt, aber in einer Form, welche später die assyrische Schreibweise von der babylonischen unterscheidet, die also als mesopotamisch bezeichnet werden muß. Einer der Briefe (über 400 Zeilen) ist in der Mitani-Sprache selbst abgefaßt. Der Hauptgott der Mitani ist Tešub (S. 56).

Funde von Briefen in der Landschaft östlich vom untern Zab (bei Kerkûk) beweisen, daß auch dieses Gebiet (also Arpaḫ?) unter der Herrschaft der Mitani oder einer engverwandten gestanden hat.

17. Jahrhundert: Agum Kakrime (S. 13) bringt die Statue Marduks aus Ḫani zurück. Dieses scheint westlich an das Gebiet der Lulumî (S. 31) zu stoßen, muß also mit Arpaḫ identisch sein und vielleicht mit den Mitani zusammengehangen haben. Die Fortführung der Statue war also wohl eine Folge der „hethitischen" Eroberung, die demnach Babylonien auch berührt haben würde.

Eine Inschrift eines Königs Tukulti-Mer von Ḫana mit einer Widmung an den Sonnengott von Sippar ist zeitlich nicht genauer bestimmbar.

15. Jahrhundert: Die aus den Tel-Amarna-Briefen bekannten Könige von Mitani im Verhältnis der „Bruderschaft" mit Ägypten (welches ihre Residenz? Ninive?):

Artatama gibt seine Tochter Dhutmes IV.

Sutarna, Sohn d. Vor., gibt seine Tochter Giluḫipa (auch in ägyptischer Inschrift bezeugt) Amenophis III. zur Frau. Die „Istar von Ninive" nach Ägypten geschickt (Form der Huldigung?).

Artašumara, Sohn d. Vor., wird ermordet durch Pirḫi, der einige Zeit geherrscht zu haben scheint, dann aber gestürzt wird von

Dušratta, dem Zeitgenossen von Amenophis III. und IV., von dem die Briefe herrühren. Er besiegt die Ḫatti (S. 56), schickt Gefangene davon (als Huldigung) an Amenophis III. und ebenso wie Sutarna die „Istar von Ninive“ (die Göttin seiner Hauptstadt?). Lange Verhandlungen über die Übersendung seiner Tochter Taduḫipa an Amenophis III., das Mitgiftsverzeichnis erhalten; Verhandlungen mit Amenophis IV. wegen nicht geleisteter Gegengaben. Auch Brief an Teji, die Witwe Amenophis' III.

14. Jahrhundert: Assyrien, das zur Tel-Amarna-Zeit Ninive noch nicht besitzt, dehnt sich aus und bricht die Macht der Mitani, die als Šubarî bezeichnet werden, Mesopotamien kommt von nun an unter assyrischen Einfluß der ihm nur durch Babylonien streitig gemacht wird. In Zeiten der Ohnmacht Assyriens breiten sich von nun an die aramäischen Beduinen (S. 27) aus und setzen sich fest. Es bilden sich kleinere Staaten, welche ebenso wie die der Chaldäer in Babylonien (S. 16) bemüht sind, sich in den Besitz der größeren Städte zu setzen. Diese werden namentlich im 9. Jahrhundert von Assurnasirpal und Salmanasar II. (S. 35. 36) niedergeworfen. In der Parapotamia, wo nach den Amurrî (S. 28) in der zweiten Hälfte des 2. Jahrtausends neben den Aramäern die Sutî (vgl. S. 4) als Beduinen genannt werden, bilden sich im 10. Jahrhundert die Randstaaten Laḳi, Ḫindani, Suḫi, welche Assurnasirpal zum Teil unterwirft. Im 8. Jahrhundert ist die assyrische Grenze ziemlich weit vorgeschoben und es dringen bereits die Araber (letzte Einwanderung S. 4) vor.

B. Assyrien.

Die Zeit der Patesi.

Die Hauptstadt Assur scheint anfangs nur ihr Stadtgebiet beherrscht zu haben, die Ausdehnung ihres Einflusses auf die nach ihr benannte Landschaft erfolgte wohl erst in der Zeit der „Könige“. Dieses spätere „Land Assur“ gehört also zu andern Königreichen und Hauptstädten (Arba'el und Ninive? S. 26).

Die Lage der Stadt weist stark nach Babylonien hin, über ein etwaiges Verhältnis zu „Königen von Kiš“ s. S. 27.

Unter Hammurabi Erwähnung von Assur (S. 28), Hammurabi nennt sich selbst als Wiederhersteller der Stadt, die also in vorhergegangenen Wirren gelitten hatte.

Ušpia, Patesi, wird als erster Erbauer des Tempels Assurs genannt.

Lücke.

Kikia.

Lücke?

?

?-?, Sohn d. Vor.

Ili-šuma, Sohn d. Vor.

Um 2040: Erišu, Sohn d. Vor., baut am Tempel Assurs nach der Angabe Salmanasars I., 159 Jahre vor Šamši-Adad.

Nach Assur-aḫ-iddin 126 Jahre vor Šamši-Adad.

Ikûnum, Sohn d. Vor.

Lücke?

Šar-kên-kati-Ašir.

Lücke.

Išme-Dagan.

Ašir-nirari.

Lücke.

Bel-ka-bi, nach Assur-aḫ-iddin Vater des Folgenden. Identisch mit dem von Adad-nirari III. genannten Bel-kab-kabi? Wie steht hierzu I-gur-kab-ka-bu, Vater des Patesi Šamši-Adad, der ebenfalls am Assur-Tempel gebaut hat?

Um 1880: Šamši-Adad, nach Assur-aḫ-iddin Sohn d. Vor., nach Salmanasar I. 580 Jahre vor diesem.

Nach Assur-aḫ-iddin 434 Jahre vor Salmanasar I.

Išme-Dagan, Vater des Folgenden.

Um 1820: Šamši-Adad, nach Tiglat-Pilesar I. Sohn d. Vor., soll 641 Jahre vor Assur-dan (S. 33) gelebt haben.

Das ältere Reich von Assur.

Der Rückgang der babylonischen Macht in der ersten Hälfte des 2. Jahrtausends führte wohl zur Selbständigkeit der Patesi von Assur. Seit 1700 gibt die Herrschaft der Kassiten in Babylonien neben der der Mitani in Mesopotamien den Patesi Gelegenheit sich völlig unabhängig zu machen. Sie nennen sich „König von Assur" und werden als solche allmählich von den übrigen Königen anerkannt. Die ersten, welche den Königstitel annahmen, waren vielleicht der von Adad-nirari III. als König genannte Bel-kapkapi (identisch oder nicht mit dem oben genannten Vater von Šamši-Adad?) und sein Vater Sulili, welcher als Urheber (?) des Königtums bezeichnet wird. Deren Zeit würde dann wohl ungefähr in das 17. Jahrhundert fallen.

Assur-aḫ-iddin (S. 44) bezeichnet sich als „später Nachkomme des Belbani, Sohnes von Adasi, Königs von Assur, Sprosses (der Stadt) Assur, (Trägers der) Königswürde, des uralten Eroberers".

Das Gebiet, nach welchem sich die neuen Könige zuerst ausdehnen konnten, war wohl das spätere östliche Assyrien (die Landschaft von Arbela); das Land oberhalb des obern Zab (mit Ninive) gehört noch unter Dušratta den Mitani.

Um 1500: Ašir-rabû, als Vater des Folgenden genannt.

Ašir-nirari, Sohn d. Vor.

Um 1500: Ašir-rîm-nišê-šu, Sohn d. Vor., wird von Karaindaš anerkannt im Besitze seines Landes, gegenseitige „Festsetzung der Grenzen".

Der Name ist in der Vertragsurkunde als Aššur-*bel*-nišê-šu geschrieben, wie er deshalb früher gelesen wurde. In einer eigenen Inschrift schreibt er sich A-šir-*ri-im*-ni-še-šu.

Der Name des Gottes von Assur wird bis dahin (auch in den Königsnamen) A-*šir* geschrieben, etwa von jetzt an A-*šur*.

Lücke.

Um 1450: Puṣur-Assur setzt mit Burnaburiaš I. die beiderseitigen Grenzen durch Vertrag neu fest. Bauten am Assurtempel.

Assur-nâdin-aḫi, unmittelbarer Nachfolger d. Vor.? Briefwechsel mit dem Pharao, also Anerkennung durch diesen, bezeugt. Bauten in Assur.

Irbâ-Adad, Sohn d. Vor. Bauten in Assur erwähnt, Bruchstück einer Inschrift, in welcher er sich den Titel „König der Welt" und „König der Gesamtheit der vier Weltgegenden" beilegt, und von „Niederwerfung der Unbotmäßigen" und Siegeszügen spricht.

Assur-uballiṭ, Sohn d. Vor. Briefe an Amenophis IV. Burnaburiaš II. wirft diesem vor, daß er diesen Verkehr begünstige, während Assyrien ihm untertänig sei. Assyrien ist also von Ägypten als Großstaat anerkannt worden, während Burnaburiaš noch immer eine Oberhoheit über Assyrien beansprucht. Sein Eingreifen in Babylonien s. S. 14. Er besiegt die Mitani (Šubarî), muß also Mesopotamien besetzt haben und dringt zum ersten Male bis Muṣri im Antitaurus vor?

14. Jahrhundert: Bêl(Rîm?)-nirari, Sohn d. Vor. Krieg mit Kurigalzu II., Schlacht bei Sugaga glücklich für Assyrien, Verteilung des Gebietes von „Mesopotamien von Ša-sili bis zur Grenze Babyloniens" zwischen beiden.

Arik-dên-ilu, Sohn d. Vor. Eroberungen am oberen Tigris gegen Ḳutî, Kummuḫ besetzt; die aḫlamû und Sutî bekämpft.

Der Name des Königs wurde früher Pu-di-ilu gelesen.

Adad-nirari I., Sohn d. Vor. Er vernichtet die Mitani (Šubarî) endgiltig und sichert sich dadurch den Besitz Mesopotamiens, gegen Schluß seiner Regierung dringt er nach Muṣri im Antitaurus vor. Krieg mit Nazi-maruttaš (S. 14) glücklich für Assyrien, Gebiet im Osten Assyriens erworben, dort auch die Lulumî (S. 28) erfolgreich bekämpft.

Um 1300: Šulmanu-ašarid (Salmanasar) I., Sohn d. Vor. Das Land Uratri (Urattal?) unterworfen (in Naïri oder im nordöstlichen Kleinasien?). Dann (erneute?) Unterwerfung von Muṣri (Kappadokien, nördlich vom Taurus). Ḫanigalbat (Hauptstadt Malaṭia), der östliche Nachbar von Muṣri, unter seinem Könige Šattuara, sucht Hilfe bei den Ḫatti und den aḫlamî (Aramäern). Diese werden geschlagen, ihre Höhlenstädte (?) verwüstet, das Kašiargebirge (Mons Masius und Aisumas), das von aḫlamî besetzt, und das rechte Euphratufer von Melitene südwärts bis Karkemiš erobert. Angriff der „zahllosen Ḳutî" (die eine neue Völkerwanderung darzustellen scheinen s. S. 57) von „Uratri bis Kummuḫ" niedergeworfen.

Krieg gegen Kadašman-buriaš von Babylon, Š. dringt bis Dûr-Kurigalzu vor.

Wiederholte Züge in das Gebiet der Arimi im Kašiargebirge.

Kalḫi wird zur Hauptstadt genommen.

Um 1280: Tukulti-Ninib I., Sohn d. Vor.

Niederwerfung der „Ḳutî und Uḳumanî" (vgl. über Ḳutî unter d. Vor., Uḳumanî = Ḳumanî bei Tiglat-Pilesar I.?). Am oberen Euphrat Kurḫi und Kummuḫ, sowie das Land zwischen Euphrat und Tigris (Šubarî) unterworfen; ebenso die Naïri-Länder.

Krieg mit Bitiliaš von Babylon, der besiegt und gefangen wird. Tukulti-Ninib nennt sich „König von Karduniaš, Sumer und Akkad" („des oberen und unteren Meeres, der ausgedehnten Berge und Niederungen, von Šubarî, Ḳutî und allen Naïri"). Er setzt in Babylon wohl Bêl-nâdin-šum ein. Babylon gerät unter elamitischen Einfluß (S. 15) und wird nun von Tukulti-Ninib erobert, der seine Herrschaft dort 6 Jahre aufrechterhält, (König Adad-šum-iddin).

Er erbaut neben Assur am Tigrisufer (dem rechten, wo Assur lag?) eine neue Hauptstadt Kar-Tukulti-Ninib.

Aufstand gegen Tukulti-Ninib I. unter seinem Sohne

Assur-naṣir-apli (I.). T.-N. wird in seiner neuen Hauptstadt belagert und getötet. In Assyrien scheint eine Zeit der Wirren zu folgen, der Einfluß auf Babylonien geht verloren.

Assur-narara und Nabu-daian scheinen bei Adad-šum-naṣir (S. 15) in Thronstreitigkeiten Rückhalt gesucht zu haben und werden von diesem als Vasallen behandelt und zur Rede gestellt.

Solche Streitigkeiten scheinen sich wiederholt zu haben, denn bald darauf sucht

Ninib-tukulti-Assur Zuflucht in Babylon bei Melišipak(?).

Er ist wohl der Tukulti-Assur, unter welchem die Marduk-Statue, welche Tukulti-Ninib nach Assur gebracht hatte, zurückgegeben worden ist.

Assur-šum-lišir wird von Babylon aus durch Melišipak (?) in Assur als König eingesetzt, während „sein Herr“ Ninib-tukulti-Assur in Babylon bleibt (d. h. zurückgehalten wird). Ein Nachbarfürst scheint zu seinen Gunsten Vorstellungen erhoben zu haben und wird vom Babylonier unter Hinweis auf die Treue Assur-šum-lišir's und seine eigene verdächtige Haltung abgewiesen.

Lücke?

Bel-kudur-uṣur. Krieg mit Babylon unter Marduk-aplu-iddin I. (? s. S. 15); er fällt in der Schlacht.

Ninib-apal-ekur wird König. Der König von Babylon zieht gegen Assur, das er ohne dauernden Erfolg erobert zu haben scheint.

Assur-dan I., Sohn d. Vor., erobert von Zamama-šum-iddin (S. 15) Gebiet auf dem linken Tigrisufer südlich vom unteren Zab. Er ist nach der Angabe Tiglat-Pilesars I. sehr alt geworden. Seine Regierung wird unter der Marduk-aplu-iddin's I. begonnen haben. Zwischen dem Beginn von Bauten am Tempel Anus und Adads unter ihm und deren Fortsetzung unter Tiglat-Pilesar liegen 60 Jahre.

Mutakkil-Nusku, Sohn d. Vor. 50 Jahre vor Tiglat-Pilesar I. besetzen die Muski Alzi und Puruḫuzzi zwischen oberem Euphrat und Tigris, die seit Salmanasar I. und Tukulti-Ninib I. unterworfen und zum Teil mit assyrischen Kolonisten besiedelt worden waren.

Assur-rêš-iši I., Sohn d. Vor. Herstellung der assyrischen Macht unter ihm und dem Folgenden, wie unter Salmanasar I. und Tukulti-Ninib I., mit deren Regierung die dieser beiden große Ähnlichkeit zeigt. Er „zersprengt die Scharen der aḫlamî“ (in Mesopotamien), unterwirft die Lulumî und Ḳutî. Wiederholte Kriege mit Nabu-kuduri-uṣur von Babylon, der Zanḳi, wohl am Euphrat in der Parapotamia, zu erobern sucht und zurückgeschlagen wird. Ebenso wird ein zweiter Angriff auf Assyrien selbst zurückgeschlagen. Assyrien sichert sich damit Mesopotamien und das östliche Assyrien.

Um 1100: Tukulti-apil-ešarra (Tiglat-Pilesar) I., Sohn d. Vor. Assyrien wird unter ihm die herrschende Großmacht, um dann wieder schnell seinen Einfluß zu verlieren.

Seine Inschrift über die ersten sechs Jahre seiner Regierung ist die Hauptquelle für die damalige Zeit, außerdem Bruchstücke anderer Annalen auch aus den folgenden Jahren.

1. Jahr: Die Muski, welche Alzi und Puruḫuzzi seit 50 Jahren besetzt hatten, fallen in Kummuḫ ein, werden auf das linke Tigrisufer zurückgeschlagen, ihre Festung Šeriše erobert. Ihr Fürst „Kili-Tešub, Sohn Kali-Tešub's, den sie sa-(ir?)-ru-pi nannten.“ Die Festung Urraḫinaš, König Šadi-Tešub, Sohn Ḫatti-sar's, erobert. Das auf dem linken Tigrisufer gelegene Gebiet von Mildiš wird durchzogen.

2. Jahr: Alzi und Puruḫuzzi wieder unterworfen. Kaska- und Uruma-Scharen, „Hethiter", die in Šubarî eingefallen, unterwerfen sich. Die Wiederbesetzung von Kummuḫ beendet.

3. Jahr: Gegen Naïri-Länder; Kirḫi.

4. Jahr: Zweiter Zug nach Naïri, bis zum Vansee vorgedrungen. Malaṭia (Ḫanigalbat) unterwirft sich.

5. Jahr: Die aḫlamî „von Suḫi (Parapotamia) bis Karkemiš" geschlagen, über den Euphrat, wo 6 Städte im Bišri-Gebirge genommen.

6. Jahr: Nach Muṣri (Kappadokien nördlich vom Taurus, an Melitene westlich anstoßend). Die Ḳumanî, eines der neu eingewanderten „Hethiter"-Völker (S. 57) werden von Muṣri zu Hilfe gerufen und beide geschlagen. Zug in das Ḳumanî-Gebiet (nordwärts, am obern Halys). Durch diese Züge das Land bis an das „Euphratufer" (Parapotamia) und bis zum Land „Ḫatti" (das westlich an Muṣri stößt) erobert.

Ein dritter Zug nach Naïri ist durch eine in der Grotte nahe der Euphratquelle (Ṣubnat, Sebene Su, vgl. S. 35) errichtete Inschrift bezeugt.

Durch das Vordringen bis in die Nachbarschaft des Ḫattireiches kommt es zum Zusammenstoß mit diesem, das in seinen syrischen Ansprüchen durch Assyrien benachteiligt ist. Es ist wohl mittlerweile in die Hände einer anderen Bevölkerung (S. 56) geraten und hat seine frühere Macht eingebüßt. Tiglat-Pilesar besiegt den König . . . . -Tešub. Er dringt in Verfolgung dieses Sieges wohl als erster Assyrer bis an die phönizische Küste vor, und hält ein Hoflager in Arvad ab. Der „König von Ägypten" übersendet ihm Geschenke (darunter ein Krokodil) und erkennt damit die durch den Sieg über die Ḫatti erworbenen Ansprüche auf das durch den Vertrag mit Ramses II. (S. 56. 75) seitens Ägyptens den Ḫatti zugestandene syrische und phönizische Gebiet an. Assyrien besitzt also seit dieser Zeit die Ansprüche auf das Land bis zum Karmel als Südgrenze. Das erste der assyrischen Königsbilder am Nahr-el-kelb (vgl. S. 37) damals angebracht?

Die Machtstellung wie unter Tukulti-Ninib I. wird erreicht durch zwei siegreiche Kriege gegen Marduk-nâdin-aḫi von Babylon. Zuerst wird das Gebiet südlich vom untern Zab erobert, dann Babylonien selbst, wo Dûr-Kurigalzu, beide Sippar, Babylon, Opis erobert werden. Sanherib spricht von der Wegführung der Götter der (nordbabylonischen) Stadt Ekallati durch Marduk-nadin-aḫi in seinen Kriegen mit T. „418 Jahre" vor 689 also um 1110.

Die Reihenfolge der beiden folgenden Brüder steht nicht fest:

Assur-bel-kala, Sohn d. Vor. Assyrien scheint seine Machtstellung schon wieder eingebüßt zu haben; über die Beziehungen zu Babylon s. S. 17.

Šamši-Adad, Bruder d. Vor.

Lücke.

Um 1000(?): Assur-irbe? In der Zeit der Schwäche Assyriens dehnen sich die aḫlamî wieder aus, sie besetzen u. a. Mutkinu und Pitru am rechten Euphratufer.

Lücke.

Um 970: Assur-rêš-išî II.

Um 950: Tukulti-apil-ešarra (Tiglat-Pilesar) II. Sohn d. Vor.

Um 930: Assur-dan II., Sohn d. Vor. In einer Inschrift erwähnt er die „Götter von Amurru".

890: Adad-nirari II., Sohn d. Vor. Eroberungen gegen Melitene und Muṣri hin?

Unter seiner Regierung beginnt die zusammenhängende limu-(Eponymen-) Liste. Sie scheint einen Abschnitt mit 911 begonnen zu haben, womit ein neuer Saros (šar = 600 Jahre) angefangen haben müßte. Der nächste beginnt 312/11: Beginn der Seleukidenära.

890—885: Tukulti-Ninib II., Sohn d. Vor. Züge nach den Naïri-Ländern bezeugt, wo er in der Grotte an der Ṣubnat-Quelle seine Inschrift neben der Tiglat-Pilesars I. einhauen läßt. Ebenso Assurnasirpal (der das berichtet) und Salmanasar II.

885—860: Assur-naṣir-apli, Sohn d. Vor. Umfangreiche Inschriften mit ausführlichen Nachrichten über seine Feldzüge. Er unterwirft die aramäischen Staaten Mesopotamiens und am Euphrat, zieht nach den Naïri-Ländern und dringt wieder bis ans Mittelmeer vor. Erbauer des Nordwest-Palastes in Kalḫi.

Er verlegt die Residenz wieder nach Kalḫi (vgl. Šulman-ašarid I.), wo sie von jetzt an meist bleibt; es entwickelt sich daraus ein Gegensatz zwischen Kalḫi und der alten Hauptstadt Assur, der sich bei Aufständen äußert (s. 763 ff. 754. 745).

884: Bêt-Ḫadippu (Ḫalupi?) am Ḫabûr unterworfen. Die Staaten am (rechten) Euphratufer: Suḫi, Laḳî, Ḫindanu (S. 29) unterwerfen sich.

883: Zug nach Naïri, Inschrift in der Ṣubnatgrotte (vgl. Tukulti-Ninib II.). Assyrische Kolonien in Šupri (aus der Zeit Salmanasars I.) bedrängt, werden in Tušḫa untergebracht. Tribut von Šupri. Zug nach dem Kašiar-Gebirge.

882: Von Ost-Assyrien aus über das Gebiet der Lullu(bi) nach dem Gebirge Niṣir und nach Muṣaṣir. Zamua unterworfen.

881: Nach Zamua. Ḫubuškia, Gilzan unterwerfen sich.

880: Nach Kummuḫ, wo assyrische Statthalter eingesetzt werden („Paläste eingeweiht" mit Königstele unter anderm in Matiaute = Midyat). Dann nordwärts nach dem Kašiargebirge und Naïri. Bei Tušḫa über den Tigris; nach Kirḫi. In Bêt-Zamâni am obern Euphrat, wo mit Hilfe „aramäischer Beduinen" der Vasallenfürst gestürzt worden war, Ordnung hergestellt.

879: Nach Mesopotamien und am Euphrat abwärts. Ḫindanu unterwirft sich, Suḫi leistet mit Unterstützung Babylons (S. 19) Widerstand, der gebrochen.

878 (?): Laḳî, Ḫindanu, Suḫi unterworfen.

877 (?): Nach Bêt-Adini in Mesopotamien (Gegend von Harran).

876 (?) oder 868: Zug nach Syrien und Phönizien.

Durch Mesopotamien (Bêt-Adini u. a.) nach Karkemiš. (König Sangara.) Patin am Orontes und Apre (Afrin) mit Hauptstadt Kunulua (König Lubarna, Liburna). Aribua im Nosairiergebirge (Gebiet Luḫuti) wird assyrische Kolonie. Längs des Libanon (an der Küste) entlang, Tribut von Arvad, Byblos, Sidon, Tyrus u. a. Phöniziern. Vom Amanus Zedern und aus Miḫri (wohl Halys-Gegend) miḫru-Holz geholt.

867: Durch das nördliche Mesopotamien nach Kirḫi; in Zamani Amid besetzt; Kašiargebirge.

860—825: Šulmanu-ašarîdu (Salmanasar) II., Sohn d. Vor. Fortsetzung der Eroberungen d. Vor. Inschriften der Stele über Jahr 1—6; des Obelisken mit Darstellungen der Tribute von 5 Ländern, darunter der Jehu's von Israel (Ja'ua mâr ḫumrî) und eines östlichen Landes Muṣri (Elefanten, zweihöckrige Kamele) und mit kurzen Berichten über Jahr 1—31; der Bronzetore von Balawat (Imgur-Bel) über Jahr 1—9; der Stiere u. a.

859: Nach dem Amanus um Zedern zu holen; am Mittelmeere (vgl. 868).

858. 857: Bêt-Adini. Pitru (Pethor S. 35), Nappigi (Mabbog, Membidj) u. a. werden assyrische Städte. Euphrat aufwärts; gegen Arame von Urarṭu (Hauptstadt Arzaškun). Gilzan, Ḫubuškia, Mazamua.

856: Bêt-Adini.

855: Kašiar, Šupri.

854: Mesopotamien (am Baliḫ), oberen Euphrat, Tribut von Kummuḫ, Meliṭ, Agusi, Gabbar, Patin (vgl. 868), Gurgum (Teil von Patin); nach Ḫalman (Aleppo); Gebiet von Hamat (Irḫuleni): Schlacht bei Ḳarḳar gegen die 12 Könige unter Führung Bir-'idri's von Damaskus. Unter ihnen Aḫabbu Sir'lai (Ahab von Israel). Dieser erste Kampf mit dem Reiche von Damaskus, welches Syrien beherrscht, ist ohne Erfolg.

853: Mesopotamien (Tel-abnaja).

852. 851: Nach Babylonien (S. 19).

850: Karkemiš (Sangara) und Arame von Agusi.

849: Zweiter Zug gegen Damaskus, ebenfalls ohne größeren Erfolg, führt nur bis ins Gebiet von Hamat.

848: Nach Pakarḫubuna. 847: Jaite.

846: Gegen Damaskus, ohne Erfolg.

845: Nach der Ṣubnatgrotte, Bildnis dort errichtet (vgl. S. 35).

844: Namri. 843: Zedern aus dem Amanus geholt (vgl. 859).

842: Gegen Hazael, den neuen König von Damaskus, der jetzt allein steht.

Von Norden an der phönizischen Küste entlang, am Ba'li-ra'si d. i. am Vorgebirge des Nahr-el-kelb (S. 34) Inschrift errichtet; über Saniru (Hermon) gegen Damaskus, das ohne Erfolg belagert wird; Plünderungszug nach dem (damals also blühenden) Hauran. Tribut von Sidon, Tyrus und Jehu von Israel (vgl. 854).

841: Zedern vom Amanus geholt.

840: Nach Ḳue (Cilicien).

839: Gegen Hazael, wieder ohne Erfolg. Tribut von Tyrus, Sidon, Byblos.

838: Nach Tabal.

837: Nach Meliṭ (König Lalla), Tribut der Tabal-Häuptlinge.

836: Nach Namri (König Janzû, „Sohn Ḫanbans") in Westmedien. Tribut der Amadai (erste Erwähnung der Meder).

835: Durch Syrien nach dem Amanus und Ḳue (König Kate), Mûru in Nordsyrien wird assyrische Provinzstadt.

834: Nach dem Amanus und Ḳue (Gegenkönig Tulka, Kirri, der Bruder Kate's, wird eingesetzt).

833: Über Bêt-Zamani nach Urarṭu (König Seduri = Sarduris I.).

832: Nach Patin (Unḳi = 'amḳ), wo Lubarna durch Surri beseitigt worden war. Sasî wird König (Hauptstadt Kinalua, vgl. 876 oder 868).

831: Nach Kirḫi.

830: Nach Ḫubuškia, Man (am Westufer des Urumiyasees, König Udaki, Hauptstadt Zirtu), Parsua.

829: Nach Ḫubuškia (König Datâ), Muṣaṣir, Gilzan, Parsua. Ende der Inschrift des Obelisken.

In diesem Jahre (dem 31. seiner Regierung) wird der König zum zweitenmale für das limu bestimmt (das er im folgenden — 828 — bekleidet); die limu-Chronik verzeichnet für dieses und die folgenden 5 Jahre 829—824 „Aufruhr". Eine Empörung unter seinem Sohne Assur-danin-apli ist gegen den König ausgebrochen, welche hauptsächlich von Assyrien ausgegangen zu sein scheint (Assur, Ninive und sonstige assyrische Städte werden als Herd genannt), während andere Reichsteile (mit dem Regierungssitz Kalḫi) zu Salmanasar und dann zu seinem Sohne gehalten haben. Der „Aufstand", der also zunächst den Charakter der legitimen Regierung trug, wird niedergeworfen nach Salmanasars Tode durch seinen Sohn

825—813: Šamši-Adad, im 2. Jahre seiner Regierung. In seiner Steleninschrift berichtet dieser nach der Niederwerfung des Aufstandes noch vier Feldzüge in den darauffolgenden Jahren:

1. Nach Naïri.

2. Nach Naïri, bis an den Vansee gegen Ḫirṣina, „Sohn Miktiaras" und Ušpina (Ispuinis von Urarṭu).

3. Nach Naïri, Ḫubuškia, Man, Parsua, nach dem westlichen Medien (Matai = Matienoi?).

4. Gegen Babylonien (S. 19).

817: Die limu-Chronik für die Folge lückenlos erhalten.

815: Nach Nordbabylonien (Dûr-ilu).

813: „Nach Chaldäa" (S. 19).

812—783: Adad-nirari III. Nur kurze Inschriften mit allgemeiner Übersicht über seine Eroberungen vorhanden; für deren zeitliche Ansetzungen s. die limu-Chronik.

812: Babylon wieder unter assyrischen Einfluß gestellt, der während des Aufstandes verloren gegangen war, s. S. 19. Abfassung der „Vertragsurkunde".

Unter Adad-nirari größte Ausdehnung der assyrischen Macht unter dieser Dynastie: von Medien bis nach Edom: „vom Berge Siluna im Osten, Ellip, Ḫarḫar, Araziaš, Mesu, Madai, Gizilbunda, Munna, Parsua etc., Naïri, Syrien, Amurru, Tyrus, Sidon, Bêt-Ḫumri (Israel), Edom, Palastu".

806: Nach Arpad
805: Nach Ḫazazi } in Syrien.
797: Nach Manṣuate

803: „Nach dem Meere" d. i. das Mittelländische oder Persische?

Mari' von Damaskus unterwirft sich nach einer Belagerung (803? 797 oder 787?); damit ist Assyriens Herrschaft über ganz Palästina bis nach Edom gesichert.

801. 800. 794. 793. 790. 789: Nach Madai.

798: limu des Bel-tarṣi-ilu-ma, Statthalters von (der Residenz) Kalḫi. Von ihm ein Siegel vorhanden und eine dem Gotte Nebo von Kalḫi geweihte Statue mit einer Inschrift „für das Leben Adadnirari's, des Königs von Assyrien, und der Samuramat, der „Palastfrau", seiner Herrin". „Auf Nebo vertraue, auf einen andern Gott vertraue nicht."

789: Grundstein eines Tempels für Nebo in Ninive gelegt.

788: „Nebo bezieht den neuen Tempel."

Das deutet auf eine gegen den Marduk-Kult von Babylon gerichtete Religionsreform (oder Reaktion). Nach der Art wie der Statthalter spricht und die Samuramat erwähnt wird, scheinen beide den König in ihrer Hand gehabt zu haben. Samuramat ist die geschichtliche Semiramis, auf welche die Istar-Legenden übertragen worden sind?

783—773: Šulman-ašaridu III. Keine Inschriften, die limu-Chronik die einzige Quelle.

Rückgang der assyrischen Macht, wogegen Urarṭu sich unter Argistis I. ausbreitet und seinen Einfluß auf Nordsyrien ausdehnt.

781. 780. 779. 778. 776. 774: Gegen Urarṭu, wohl mehr Verteidigungskriege.

783. 782. 777: Nach Itu'a (S. 19).

773: Nach Damaskus.

773—763: Assur-dan III. Keine Inschriften.

772. 765. 755: Nach Ḫatarika (Hadrak in Syrien). Babylonische Züge s. S. 19.

766: Nach Madai.

763: Sonnenfinsternis im Monat Sivan.

763—759: Aufstände in Assur, Arpaḫ, Guzana, welche den Sturz der Dynastie vorbereiten. Assyriens Schwäche, Urarṭu unter Sarduris II. dehnt sich weiter aus.

763—755: Adad-nirari IV., Sohn d. Vor. Wohl durch die Aufstände zum König ausgerufen, wird in den limu-Listen nicht genannt und ist vielleicht in Kalḫi nicht anerkannt gewesen.

755—746: Assur-nirari, Sohn Adad-nirari's. Der seltene Fall, daß die meisten Jahre keine Feldzüge verzeichnet werden („im Lande"), zeigt die völlige Ohnmacht der Dynastie.

Zurückverlegung der Residenz nach Assur?

754: Nach Arpad, wo Mati-el noch einmal zum Gehorsam gezwungen wird (die Vertragsurkunde ist erhalten). Mati-el spielt die erste Rolle in Nordsyrien und schließt sich in der Folge an Urarṭu an (s. 743 ff.).

749. 748: Nach Namri, sonst „im Lande".

746: „Aufstand in Kalḫi", also in der aufgegebenen Residenz, nicht wie früher in der alten Hauptstadt Assur. Ende der Dynastie?

Das neuassyrische Reich.

745—728: Tukulti-apil-ešarra (Tiglat-Pilesar) III., der seinen Vater nicht nennt (Sohn Adad-nirari's IV.?). Er residiert und baut seinen Palast in Kalḫi, dessen Material von Assur-aḫ-iddin wieder benutzt wurde, so daß die Inschriften stark verstümmelt sind.

Am 13. Airu zum König ausgerufen. Zug nach dem „Flußgebiet" (und Babylonien), s. S. 20.

744: Nach Namri.

743: Nach Arpad, das sich an Urarṭu angeschlossen hatte. Sarduris wird im Gebiete von Kummuḫ auf dem linken Euphratufer geschlagen und aus Nordsyrien und Mesopotamien nach Armenien zurückgedrängt.

742—740: Drei Jahre nach Arpad.

739: Nach Niederwerfung Arpads Vorrücken gegen Urarṭu, im Naïrigebiet wird Ulluba besetzt und als Grenzprovinz (das „Festungsland") befestigt.

738: Die limu-Chronik: „Kullanî erobert", d. i. die Hauptstadt des Teiles des ehemaligen Patin (vgl. 832 etc.), welcher in den Annalen T.'s als Ja'udi bezeichnet wird und unter einem König Azrija'u steht. Es wird assyrische Provinz. Nordphönizische (Provinz Ṣimirra) und nordisraelitische Städte (Gal'za, Abilakka) eingezogen (vgl. S. 58).

Liste der Könige, welche Tribut zahlen: Kustaspi von Kummuḫ, Raṣôn von Damaskus, Menahem von Samaria, Ḫirôm von Tyrus, Sipitti-bi'il von Byblos, Urikki von Ḳue, Pisiris von Karkemiš, Eni-el von Hamat, Panammû von Sam'al, Tarḫulara von Gurgum, Sulumal von Meliṭ, Dadi-il von Kask, Uassurme von Tabal, Ušḫitti von Atun, Urballa von Tuḫan, Tuḫamme von Ištunda, Urimmi von Ḫušimna, Zabibê Königin der Aribi.

Ja'udi ist ein Gau des ehemaligen Patin, das sich in mehrere „Königreiche" aufgelöst hat. Dazu gehören Sam'al und Gurgum. Sam'al, die Ruinenstätte Sendširli im ʿamḳ; Inschriften der Könige Panammû I. von Ja'udi, Panammû von Ṣam'al („Diener Tiglat-Pilesars" stirbt im Lager vor Damaskus [s. 733]) und von dessen Sohne Bir-rekab; vgl. S. 65.

737: Nach Madai.

736: Nach dem Gebirge Nal (Naïri) als Vorbereitung gegen Urarṭu.

735: Nach Urarṭu. Sarduris in Ṭuruspa (Van) belagert (Stadt nicht erobert).

734: Nach Pilistu (Philistaea). Ḫanûn von Gaza flieht nach Muṣri (dem benachbarten Nordarabien, Midian), Gaza erobert, Ḫanûn später wieder eingesetzt. Der nördliche Teil von Israel (Naphtali etc. Galilaea) eingezogen.

733: Gegen Damaskus. Peḳaḥ wird durch die assyrische Partei in Samaria gestürzt und Hosea (Ausi') eingesetzt, von T. bestätigt; er besitzt nur Samaria (Ephraim). Königin Samsî von Aribi (vgl. 738) und arabische Völker: Mas'a, Tema, Sab'a, Ḫajapa, Badana, Ḫatte, Idiba'il erkennen die assyrische Oberhoheit an. Mitinti von Askalon und Metenâ von Tyrus unterworfen.

732: Belagerung und Fall von Damaskus. Raṣôn †, Damaskus wird assyrische Provinz. Bei der Belagerung leistet Heeresfolge Panammû (s. 738) und Ahas (Ja'uḫazi) von Juda.

731: „Nach Sapia" (Hauptstadt Ukîn-zêr's s. S. 20).

730: „Im Lande."

729. 728: In Babylon als König (S. 20).

727—723: Sulman-ašarid IV. (Ululai in Babylon: S. 20). Keine Inschriften. Ist unter seinem Vater Statthalter der Provinz Ṣimirra gewesen, hat also wohl in Palästina bereits damals Kriege geführt. Verwicklungen mit Tyrus durch einen Vertrag Assur-aḫ-iddins bezeugt, welcher auf die damaligen Abmachungen (mit Lulî s. 701) Bezug nimmt.

727: Die babylonische Chronik erwähnt die Zerstörung einer Stadt Sam(b?)ara'in.

724—722: Samaria fällt unter Hosea ab, im Bündnis mit Sib'e von Muṣri (vgl. 734). Belagerung. Fall der Stadt unter Sargon 722, der die Einwohner nach Medien führt; Samaria assyrische Provinz.

Über die innere, der Priesterschaft ungünstige Politik s. unten S. 42. Sie wird für ihn ausdrücklich durch Sargon bezeugt.

722—705: Šarru-ukîn, Sargon („der zweite" mit Bezug auf Sargon von Agade S. 7 genannt); nennt seinen Vater nicht. Erbaut sich nördlich von Ninive eine eigene Residenz Dûr-Šarru-ukîn (Chorsâbâd).

722: Beendigung der Belagerung von Samaria. Babylon geht beim Thronwechsel verloren.

721: Nur Nordbabylonien behauptet (S. 20). Sargon ist genötigt alle Erwerbungen Tiglat-Pilesars neu zu sichern, darum die folgenden Kriege auf denselben Schauplätzen:

720: Ilu-bi'di (Ja'u-bi'di) von Hamat im Bündnis mit Ḫanûn von Gaza (s. 734) und Sib'e von Muṣri. Die Provinzen Arpad, Ṣimirra, Damaskus und Samaria schließen sich an. Schlacht bei Ḳarḳar (vgl. 854) gegen Hamat und bei Raphia (Rapiḫi) gegen Ḫanûn und Sib'e.

719: Im Gebiete von Man, wo sich der Stamm der Zigirtu (Sagarthier?) zeigt, Ruhe hergestellt.

718: Kiakki von Šinuḫtu in Tabal abgesetzt.

717: Pisiris von Karkemiš, der Hauptstadt des ehemaligen Ḫattireiches in Syrien, im Bündnis mit Mitâ von Muski (Midas, dem Phryger), wird abgesetzt. Karkemiš Provinz. Thronwechsel in Elam.

716: In Man Aufstand unter Aza durch Rusas von Urarṭu veranlaßt; Niederwerfung der beteiligten Stämme Umildiš, Zigirtu etc. Ullusunu eingesetzt, wird von Rusas ebenfalls zum Abfall gezwungen und gleichfalls unterworfen. In Westmedien assyrische Provinzen eingerichtet: Ḫarḫar.

715: Die von Rusas aufgehetzten Nachbarstaaten unterworfen: Daiukku in Man, Janzu von Naïri, Telusina von Andia. Aufstand in Ḫarḫar niedergeworfen.

Mita von Muski bei Angriffen auf Ḳue (altes Ḫattigebiet!) zurückgeworfen.

Tribut arabischer Stämme (vgl. 734): Tamûd, Ibâdidi, Marsimani, Ḫajapa, „Pir'u von Muṣri, Samsî von Aribi (vgl. 734), It'amra der Sabäer".

714: Mitatti von Zigirtu geschlagen, die Zigirtu „verschwinden". Rusas geschlagen, Urzana von Muṣaṣir abgesetzt. Urarṭu niedergeworfen. Ursa †.

713: Karalla in Westmedien. Ambaridis von Tabal und Ḫilakki (in Kappadokien, nicht Kilikien), Schwiegersohn Sargons, schließt sich an Rusas und Mita an, abgesetzt.

712: Tarḫunazi von Meliṭ abgesetzt, Kammanu (= Ḳumani S. 34) und Tulgarimmu erobert.

711: Muttallu von Gurgum (vgl. 738).

Aufstand von Asdod unter Jamani, im Bündnis mit Pilistu, Juda, Edom, Moab, Pir'u von Muṣri.

710—706: Kämpfe mit Marduk-aplu-iddin und in Babylonien (S. 20).

Vorstoß des assyrischen Statthalters von Ḳue gegen Mitâ von Muski, der deshalb Friedensgesandtschaft an Sargon nach Babylonien schickt.

Tribut von 7 Königen von Cypern (Jadnana; Sargons Stele aus Kition = Ḳart-ḫadast).

Cypern ist unter Assarhaddon und Assurbanipal (10 Könige) noch als von Assyrien abhängig bezeugt.

708: Muttallu von Kummuḫ im Bündnis mit Argistis von Urarṭu. Kummuḫ wird Provinz. In Ellipi Streitigkeiten zwischen Nibe und Ispabara; ersterer von Elam (S. 52) unterstützt, letzterer durch Sargon als König eingesetzt.

706 (?): Dûr-Šarru-ukîn fertig.

705: Sargon scheint auf einem unglücklichen Feldzuge gegen wilde Völker (Kulummäer? an der Nordgrenze des Reiches, also indogermanische — s. S. 84ff.?) umgekommen zu sein.

Er betont in seinen Inschriften seine Begünstigung der Tempelvorrechte, die von seinen beiden Vorgängern eingeschränkt worden waren. Damit steht im Einklang eine babylonfreundliche Haltung. Die gegenteilige Politik befolgt sein Sohn und Nachfolger:

705—681: Sin-aḫi-irbâ (Sinaḫerib), der seinen Vater in seinen Inschriften nicht nennt (!).

703: Nach Babylonien (S. 21)

702: Gegen die Kaššû und Jasubigalla im Zagros. Ellipi (vgl. 708) nach Vertreibung von Ispabara mit der Provinz Ḫarḫar vereinigt. Tribut der Madai.

701: In Phönizien und Palästina Aufstand von Lulî von Sidon-Tyrus und Hiskia von Juda. Die phönizischen Städte besetzt mit Ausnahme von Tyrus (das deshalb nicht erwähnt wird). Lulî flieht nach Cypern, †. Bildnis am Nahr-el-kelb (vgl. 842). Ekron besetzt (König Padî). Hiskia von Juda in Jerusalem belagert, Schlacht bei Elteke gegen ein Entsatzheer der „Fürsten von Muṣri und des Königs von Meluḫa". Belagerung von Lakiš durch ein Relief bezeugt. Die Belagerung von Jerusalem wird abgebrochen wegen der Unruhen in Babylonien. Hiskia unterwirft sich, hat einen großen Teil seines Gebietes eingebüßt, der an die Nachbarn verteilt worden ist.

Sinaḫerib ist in der Folge stets durch die babylonischen Verhältnisse in Anspruch genommen, der Kampf gegen Babylon verleiht seiner Regierung den Charakter. Der innere Zwiespalt wird dem Reiche gefährlich, da nach außen und in den Provinzen alle Aufstände und Angriffe hierdurch (vgl. 701) Rückhalt finden. Bis zur Zerstörung Babylons finden deshalb fast gar keine andern Züge statt.

Nur zwischen 699 und 694 wird ein Zug gegen Gebirgsvölker in Kappadokien (im Bereiche von Ḫilakku) am „Gebirge Nipur" berichtet. In diesen Gegenden damals oder bei anderer Gelegenheit — also im Bereiche von Tabal — auch das von Sargon (712) als Provinz eingerichtete Tul-garimmu (Togarma) in Kammanu (Komana) wegen Empörung bestraft.

Berossus berichtet Kämpfe in Cilicien (d. i. Ḳue), Zurückweisung der (See-)Angriffe von „Ioniern" und eine „Gründung" von Tarsus (das also dadurch assyrische Provinzhauptstadt geworden wäre).

689: Zerstörung Babylons. (S. 22).

Aus den letzten 8 Jahren sind keine Inschriften Sinaḫeribs mehr bekannt. Er hat Ninive zur Residenz (statt Kalḫi) genommen und als solche ausgebaut. Im Zusammenhange mit seiner gegen die Priesterschaft (Assur und Babylon) gerichteten Politik bezweckte er wohl Ninive an Stelle Babylons zur Weltstadt zu machen. Er wird für den Adapa d. i. den „neuen Adam", den menschgewordenen Beginner eines neuen Zeitalters erklärt.

Aus dieser Zeit (?) nur noch Feldzüge gegen Aribi bezeugt (S. 72). Der biblische Bericht spricht (2. Könige 19, 9) von einem Kampfe mit „Tirhaḳa", der nur nach 691, wo Taharka zur Regierung kam, stattgefunden haben könnte. Herodots (II 141) Bericht vom Zuge Sinaḫeribs, „Königs der Araber und Assyrer" gegen Sethon.

Erbaut den Nordwest-Palast in Ninive. Die Bewässerung der Stadt durch das Wasserleitungssystem von Bavian (Fluß Ḫusur) geregelt.

681: Sinaḫerib wird am 20. Ṭebet ermordet (in Babylon? S. 22) von einem seiner Söhne, der sich wohl auf eine Partei in Assyrien und Babylonien stützte. In Babylonien scheint sein Sohn Assur-aḫ-iddin bereits bei seinen Lebzeiten als Statthalter eingesetzt worden zu sein.

681—668: Assur-aḫi-iddin, Assarhaddon. Er vertreibt seinen Bruder aus Assyrien (Versuch zum Widerstand, in Ḫanigalbat d. i. Melitene, das Heer geht zu A.-a.-i. über), der nach Urarṭu flüchtet. In Assyrien am 18. Adar als König anerkannt.

Assur-aḫ-iddin, der Begünstiger Babylons. Wiederaufbau der Stadt (S. 22). Er beabsichtigte wohl ein babylonisches Weltreich mit dem Sitze in Babylon zu errichten. Er gibt die Vorstöße gegen Norden und Kleinasien hin auf, wo bereits unter Sinaḫerib die Indogermanen sich festsetzen (S. 164. 83) und unternimmt statt dessen die Eroberung von Arabien und Ägypten. Das Reich hat dadurch unter ihm die größte Ausdehnung (vgl. Naram-Sin S. 8. 70).

Seine Residenz ist zunächst Ninive geblieben, wo er den „Südwestpalast" baut. Dann beginnt er in Kalḫi einen Palast (vgl. S. 39), der unvollendet bleibt.

In Babylonien:

679: Im Meerland Nabû-zêr-kitti-lišir, der Sohn Marduk-aplu-iddins (S. 20) vertrieben.

? Bêt-Dakurî in der Nachbarschaft von Babylon (S. 19) aus dem Gebiet der Stadt vertrieben.

674: Zerstörung von Sippar durch einen Einfall von Humbahaldaš von Elam. Dieser stirbt im selben Jahre, mit seinem Nachfolger Urtaku Friede.

? Die Gambulu (Bêl-iḳîš, Stadt Ša-pî-Bêl) unterworfen.

Im Norden Angriff der Kimmerier (Gimirri) auf assyrisches Gebiet (in Ḫubušna, nähere Lage unbekannt) abgewiesen (Fürst Tëušpa). Ebendort in Man Aufstand der jetzt mit Indogermanen stark durchsetzten Bevölkerung, Besiegung des Išpakai, des Aškuza. Später Bündnis mit dem Aškuza-Fürsten Bartatua, der eine Tochter Assur-aḫ-iddins zur Frau erhält. Der Aškuza-Staat bleibt mit Assyrien befreundet gegen seine westlichen Nachbarn, die Kimmerier.

In Kleinasien Mukallu von Meliṭ und Iškallu von Tabal unbotmäßig. Streifzug gen die Du'a in Ḫilaki.

Im Westen:

678: Sidon (König Abd-milkôt) erobert und zerstört, wird assyrische Provinzstadt.

675: Abd-milkôt, der zu seinem Bundesgenossen Sanduarri von Kundi (Kyinda = Anchiale) und Sizû (Sîs) in Cilicien geflüchtet, wird mit diesem zusammen besiegt und gefangen.

673(?): Ba'al von Tyrus im Bündnis mit Taharka von Ägypten, längere Belagerung der Stadt, die durch Unterwerfung und Vertrag beendet wird. Wiederholter Abfall; im Jahre

673: Erster Einfall in Ägypten (die Assyrer geschlagen?).

670: Zug nach Ägypten. Memphis erobert, Taharka (Tarḳû) entflieht nach Oberägypten. Assur-aḫ-iddin „König der Könige von Muṣur und Kus", in Ägypten Gaukönige (der südlichste der von Theben) unter assyrischer Aufsicht eingesetzt. Die Inschrift am Nahr-el-kelb (vgl. 842. 701) und auf einer Stele von Sendširli (S. 65) berichten über diese Eroberung.

Im Zusammenhange mit diesem Zuge ein Wüstenzug nach Nordarabien (Muṣri). Bereits früher hat ein Zug nach dem östlichen Arabien (Baṣ) stattgefunden. Die nordarabischen Stämme (Aribi) sind seit Tiglat-Pilesar III. tributpflichtig.

669: „Aufstand der Großen" in Assyrien, wohl durch Assur-aḫ-iddins babylonische Politik veranlaßt (S. 22). Er wird gezwungen, Assurbanipal als Mitregenten und Thronfolger anzunehmen.

668: Taharka kehrt nach Ägypten zurück, vertreibt die assyrischen Beamten, die Gaukönige unterwerfen sich ihm. Assur-aḫ-iddin zieht persönlich nach Ägypten und stirbt unterwegs.

668—626: Assur-bani-apli, Sohn d. Vor. Zahlreiche Inschriften, welche über seine Kriege bis um 640 berichten. Das Abbrechen der limu-Liste erschwert Datierung im einzelnen. Der feste Punkt ist die in die Mitte seiner Regierung fallende Eroberung von Babylon (S. 22). Der Kampf gegen seinen Bruder Šamaš-šum-ukîn ist die Veranlassung zu einer ganzen Reihe von Kriegen mit Elam, das dadurch schließlich vernichtet wird.

668: Beendigung der Unternehmung gegen Ägypten durch Vertreibung Taharkas.

667: Nach Taharkas Tode dringt dessen Nachfolger Tanut-Amon von „Kus" aus wieder in Ägypten ein; belagert die assyrische Besatzung in Memphis von On (Heliopolis) aus. Er wird durch ein assyrisches Entsatzheer nach Kus (Schlacht bei Kipkip) zurückgetrieben. Ägypten geht jedoch bald (663) durch die Erhebung von Psammetich verloren.

668: Ba'al von Tyrus hatte sich an Taharka angeschlossen und wird wieder zur Unterwerfung gezwungen. Er schickt seine Tochter in den Harem und seine Söhne an den Hof. Dasselbe geschieht von Jakinlû von Arvad, Mukallu von Tabal, Sandasarme von Ḫilaki.

667 bis etwa 660: Gyges (Gugu) von Lydien sucht assyrische Schutzhoheit gegen die Kimmerier nach und ist anfangs erfolgreich. Er schickt zwei gefangene Häuptlinge der Kimmerier. Nach 663 schließt er sich an Psammetich an. Er fällt im Kampfe mit den Kimmeriern, die Kleinasien überschwemmen. Gyges' Sohn (Ardys)

behauptet sich und tritt wieder in das Schutzverhältnis zu Assyrien.

? Zug nach Man (König Aḫšêri).

Etwa 660—640: Beginn der Feindseligkeiten mit Elam nach dem Tode Urtakis. Die Berichte über die verschiedenen Kriege liefern uns alles, was wir über Elam aus dieser Zeit wissen, und besitzen mehr Interesse für dieses Land (S. 53) als für Assyrien. Sie werden auch nach dem Falle von Babylon fortgesetzt und mit wechselndem Glück geführt, bis Elam endlich vernichtet wird.

648: Šamaš-šum-ukîn verweigert die Anerkennung der assyrischen Schutzhoheit (S. 22). Sein Abfall führt zu langen Kriegen mit Elam und seinen sonstigen Bundesgenossen, darunter die nordarabischen Stämme und Völker: in Aribi die Ḳedar und westlich davon die Nabajâti (S. 72). Deren Einfälle in das syrische Gebiet und assyrische Züge zu ihrer Bestrafung bis ins innere Nordarabien.

Nach 648: In Phönizien Ušû (Palaityros) und Akko wegen Abfalls bestraft.

Sarduris III. von Urarṭu unterwirft sich freiwillig.

Residenz ist wie unter Sanherib wieder Ninive, dessen Glanzzeit Assurbanipals lange Regierung bildet. Neubau des bêt ridûti, des Palastes Sanheribs. Großartige Bibliothek, für welche Abschriften von allen erreichbaren babylonischen Werken und Inschriften hergestellt wurden.

626—?: Assur-itil-ilî, Sohn d. Vor. Nur kurze Inschrift über Bauten am Nebotempel in Kalḫi. Der erste Angriff der Meder unter Phraortes (? S. 85), der (infolge des Eingreifens der Aškuza?) mißlingt, würde wohl in seine Zeit (oder des Folgenden) fallen.

?—606(?): Sin-šar-iškun, Bruder d. Vor. Babylon unter Nabopolassar im Bündnisse mit den Medern gewinnt an Selbständigkeit, wenngleich Assyrien zunächst noch alles mit Ausnahme des Königreiches Babylon besitzt. Die Meder greifen Assyrien an und verwüsten das Land. Auch Nabopolassar spricht von Siegen über die „Šubarî", wie Assyrien jetzt genannt wird. Necho (S. 23) besetzt Palästina und Syrien. 607 oder 606 fällt Ninive. Sin-šar-iškun verbrennt sich (? vgl. Sardanapal). Ninive und Kalḫi bleiben in Trümmern (Assur wird unter Kyros erwähnt). Der assyrische Besitz fällt, soweit er altbabylonisch war (rechts vom Tigris), an Babylon.

Der Name Assyrien wird als unberechtigt aus der Geschichte gestrichen und in Babylon vermieden. In persischer Zeit wird er im Gegenteil zum Teil auf Babylonien mit übertragen, so daß er unter den Seleukiden deren Reich bezeichnet.

IV. Elam.

Die Landschaft von Susa (Susiana), babylonisch Elamtu genannt. Ihr politischer Mittelpunkt Susa wird durch französische Ausgrabungen erforscht, denen wir fast allein monumentale Quellen verdanken (früher von Loftus einige Inschriften gefunden). Sonst sind noch Inschriften in der Hafenstadt Bušire gefunden. Das geschichtliche Material ist noch völlig lückenhaft, die Bestimmung großer Zeiträume sehr unsicher. Der meiste geschichtliche Stoff entstammt babylonischen und assyrischen Nachrichten. Die Inschriften bei Mal-Amir (Kul-i-Fira'ûn und Šikafteh-i-Salman), von Hane, „kutur der Hapirti" (kutur ajapirra).

Unter Assurbanipal werden als Teile Elams unterschieden und stehen gelegentlich unter eigenen Königen: Madaktu im Westen, Susa, Bubilu im Osten, Hidalu an der See und im Gebirge.

In Susa Kult der Gottheit Susinak und(?) einer Form der Istar, welche als wesensgleich mit der Istar oder Nana von Uruk (S. 5) gilt.

Die Bevölkerung, welche die elamitische Sprache (mehrere Dialekte bekannt) sprach, ist wohl erst in geschichtlicher Zeit eingewandert. Seiner Lage nach ist Elam den Einwanderungen ausgesetzt, welche von Inner-Asien aus erfolgen und die ebenfalls in Zwischenräumen sich wiederholt haben müssen.

In der Zeit der ältesten nord- und südbabylonischen Könige gehört Susa als Hauptstadt der Landschaft Elam zum babylonischen Machtbereiche und steht deshalb unter Patesis, welche von dem jeweiligen Oberherrn abhängen. Susa ist also eine Stadt wie die großen babylonischen auch mit gleichem Recht und gleichen Ansprüchen und hat ebensolche Kämpfe auszufechten wie diese (Lagaš, Kiš etc. s. S. 6) auch.

? Urumuš, König von Kiš (S. 6), unterwirft Elam und Bara'se.

Um 2800: Sargon von Agade (S. 7) unterwirft Elam.

Naram-Sin (S. 7) besiegt Rêš-Adad von Apirak (einen Teil Elams?), unterwirft Sidur, Lulubî und medische (zagrische) Grenzvölker. Eine Inschrift des Königs Anu-banini der Lulubî im Stile dieser Zeit.

Um 2600: Gudea (S. 8) schlägt Anšan.

Anšan (Anṣan d. i. Ančan) wird hier wie auch später (Sinaḫerib) als Landschaft von Elam unterschieden.

Dungi (S. 9) baut in Susa, verheiratet seine Tochter mit dem Patesi von Anšan, verheert 3 Jahre später Anšan. Ebenso sind Oberherrschaft über Anšan und Susa (Elam), sowie dortige Bauten bezeugt für Bur-Sin, Gimil-Sin, Ibî-Sin (dessen Tochter ebenfalls den Patesi heiratet).

Mutabil, Patesi von Dûr-ilu (S. 6), schlägt Anšan, Sibar und Bara'se.

Durch Inschriften aus Susa sind bekannt als Patesi, welche babylonisch schreiben und die diesen ältesten Zeiten angehören:

Ur-ilî (?)-Adad.

Siriš-išhuk (Vater des Folgenden).

Karibu (?) -ša-In-Susinak, Patesi von Susa šakanak von Elam, Sohn d. Vor.

Aus Erwähnungen in späteren Inschriften (bei Silhak-in-Susinak S. 51) sind bekannt als Patesi von Susa:

Hutran-tepti.

Idadu I., Nachkomme d. Vor., wenn nicht = Idadu II.

Kal-ruhuratir.

Idadu II., Sohn d. Vor. (s. Idadu I.).

Ebarti }
Kin-Daddu } wohin gehörig?

. . . badidimma, wohin gehörig?

Beli-a-urugal }
Ur-ki-um } unter den letzten Königen von Ur (also an die Spitze dieser Reihe zu stellen?).

Um 2280: Bei Assurbanipal findet sich die Angabe, daß 1635 Jahre vor seiner Eroberung Susas die Statue der Nana von Uruk (vgl. S. 47) durch einen König von Elam Kutur-Nahunte nach Susa gebracht worden sei. Das wäre also (1635 + 645) um 2280, in der Zeit der Könige von Larsa und der ersten Dynastie von Babylon und würde eine Niederwerfung Babyloniens durch elamitische Eroberer voraussetzen: vgl. S. 10. Der Name dieses Königs ist „elamitisch", d. h. er gehört der Sprache an, welche in der Folge in Elam herrscht, und zu der auch der von Kudur-Mabuk gehört. Wenn die Angabe richtig ist, so hat man sich wohl vorzustellen, daß infolge einer großen Einwanderung eben der betreffenden Völkergruppe Elam auch nach Babylonien hinübergegriffen und daß durch diese Eroberung auch das babylonische Reich Herrscher (vgl. Rim-

Sin S. 10) erhalten hat. Diese Bewegung würde sich an der ihr entgegenwirkenden zweiten semitischen (S. 3) gebrochen haben.

Diese „Könige" müßten eine Macht besessen haben, die sich auch weit nach Osten und Norden erstreckte und man könnte sie sich nach dem Muster der Türken- und Mongolen-Fürsten vorstellen. Dazu würde stimmen, daß Kutur-Nahunte in Susa einen Patesi regieren ließ. Die Fürsten dieser Zeit nennen sich sukal (d. i. Vizekönig) von Susa und dann „erhabener sukal, sukal von Elam, Sipar[1]) und Susa".

Siruhdu', Oheim[2]) des Folgenden; baut am Tempel in Susa.

Temti-agun, „sukal von Susa", erbaut einen Tempel „für das Leben von Kutur-Nahunte, Lila-irtas, sein eigenes, Temti-hisa-hanes, Gilgameš-Marduk, dem Išme-karabi (Oberkönig in Babylonien??)". Die Inschrift ist noch in dem eigenartigen Babylonisch (semitisch) der Landschaft Susa geschrieben.

Einer der in dieser Inschrift genannten (Söhne von Kutur-Nahunte).

Simebalar-huppak, Nachkomme von Siruhdu'.

Silhaha.

Lankuku.

Kuk-kirmes = Kuk-kirpias, Sohn d. Vor. und der Schwester von Silhaha, „erhabener sukal, sukal von Elam, Sipar und Susa".

Attapaksu (Attahusu), Schwestersohn von Silhaha, „Hirte des Volkes von Susa".

Kurigugu.

Temti-halki (Tepti-halki, Tep-halki), Bruder d. Vor. „Erhabener sukal etc.".

Kal-uli, Gatte einer Schwester von Silhaha aus Erwähnung des Folgenden bekannt.

Kuk-nasur, Sohn d. Vor. und einer Schwester von Silhaha. „Erhabener sukal etc.".

Wenn die Zeit dieser Fürsten ungefähr zusammenfällt mit der der Könige von Larsa, so sind weitere Daten (teilweise vor diese Fürsten gehörig):

Simti-silhak ist Oberherr von Rim-Anu, König von Larsa (S. 10); er wird nur in Inschriften d. Folg. erwähnt.

Kutur-Mabuk, Sohn d. Vor., adda von Amurru und adda von Emutbal, genannt vom Folgenden.

Rim-Sin, Sohn d. Vor. König von Larsa (S. 10).

Durch Hammurabi wird der Einfluß der Elamiten in Babylonien gebrochen, diese werden auf Elam zurückgeworfen und es beginnt nun die Zeit der getrennten Entwicklung der beiden Länder, welche zu immer erneuten Vorstößen Elams nach Babylonien und in der späteren Zeit zu dem Zusammenstoß mit dem ebenfalls Babylonien besetzenden Assyrien führen. (Für beide Länder ist Babylonien

---

[1]) Fraglich ob Sippar oder eine elamitische Stadt (vgl. Mutabil S. 48). — [2]) Scheint nach elamitischer Anschauung statt des Vaters zu gelten.

das Mutterland ihrer Kultur, in ihm treffen die beiden Völkerwanderungen aus Innerasien und aus Arabien aufeinander.)

Pala-issan wird zwischen Simebalar-huppak und Pahir-issan genannt.

Sa-di (Ta-ki?), König von Elam, von Ammi-sadugga (S. 11) geschlagen.

Iri-halki.

Pahir-issan, Sohn d. Vor.

Attar-kitah, Bruder d. Vor.

Humban-ummena, Nachkomme von Silhaha, Sohn d. Vor.

Untas-Risa, „König von Anṣan-Susa", Sohn d. Vor., baut zahlreiche Tempel in Susa.

Untahas-Risa, Sohn von Pahir-issan (also Herstellung der Dynastie wenn nicht ein P.-i II. anzunehmen, was sehr zu erwägen, da die Regierung d. Vor. lang gewesen sein muß und noch ein Bruder folgt).

Kidin-hutran, Bruder d. Vor.

Nach 1300: Hurbatila, König von Elam, greift Kurigalzu II. (S. 14) an, wird von ihm bei Dûr-Dungi geschlagen und muß sich ihm unterwerfen (also Herstellung der Oberhoheit Babylons für kurze Zeit). Kurigalzu bringt eine Lapis-lazuli-Tafel mit Inschrift Dungis aus Susa, die vielleicht durch Kutur-Nahunte (S. 48) dorthin gebracht sein könnte, zurück.

Kidin-hutrutas ist erfolgreich gegen Bel-nâdin-šum (S. 15), der Kampf mit Assyrien um die Schutzhoheit über Babylon. Kadašman-ḫarbe von K.-h. in Babylon eingesetzt? Adad-šum-iddin, der Schützling Assyriens, wird bekämpft in einem zweiten Einfall.

Hallutus-In-Susinak.

Nach 1200: Sutruk-Nahunte I., König von Anṣan-Susa, „katru" der Hapirti (S. 47).

Er muß der König sein, der der Kassitendynastie unter Zamama-šum-iddin (S. 16) ein Ende macht. Sein Sohn Kutur-nahunte scheint den Krieg geführt zu haben. Zahlreiche Denkmäler werden aus den babylonischen Städten nach Susa gebracht, darunter eine Stele Naram-Sin's, die Gesetzessäulen Hammurabi's aus Sippar, Katasterobelisk Man-išdu-su's von Kiš (S. 16), Stele Melišipaks, Belehnungsurkunden („Grenzsteine") aus der Kassitenzeit (die also Besitzverhältnisse im eroberten Lande betrafen) u. a. Auch Stelen elamitischer Fürsten läßt er nach Susa bringen, darunter solche von Untaš-Risa und solche, welche Sime-balar-huppak u. a. vergeblich dorthin zu bringen versucht hatten.

Kutir-Nahunte II. (Kutur-Nahunte), König von Anṣan-Susa, Sohn d. Vor., wird als der Verwüster Babyloniens unter seinem Vater genannt, scheint in Elam nicht lange regiert zu haben.

Silhak-In-Susinak I., König von Anṣan-Susa, „katru" der Hapirti, Bruder d. Vor. Bauten in Susa. Inschriften.

Huteludus-In-Susinak, der älteste Sohn d. Vor.

Um 1130: Silhina-hamru-Laḳamar, Bruder und Nachfolger d. Vor. Seine Zeit muß in die Nabu-kuduri-uṣur's I. (S. 16) fallen, er würde also derjenige sein, unter welchem dieser seine mehrfachen erfolgreichen Züge nach Elam ausführte, wobei eine Statue Marduks von Babylon und des Gottes Eria von Dîn-šarri zurückgebracht wurden, und während derer einem (nicht dem letzten, zur Eroberung von Susa führenden) der „König von Elam starb" (also der Vor.?)

Susinak-šar-ilâni, König von Susa, stellt den Tempel des In-Susinak her, den Tep-halki gebaut hatte. Seine Inschrift ist babylonisch.

Tepti-ahar, König von Susa, stellt Statuen im Tempel von In-Susinak auf. Inschrift ebenfalls babylonisch.

Hubanimena, Vater d. Folg.

Sutruk-Nahunte (Sutur-Nahunte) II., König von Anṣan-Susa, Sohn d. Vor.

Erwähnt die Könige Huteluduš-In-Susinak, Silhina-hamru-Laḳamar und Hubanimena; läßt seine Statue an 30 Orten aufstellen.

Um 975: Diese Zeit ist ungefähr die, wo ein „Elamit" in Babylon König war (S. 18).

Huban (......?)

Hallutus-In-Susinak, gabra'ha von Anṣan-Susa, Sohn d. Vor.

Silhak-In-Susinak II.

Tepti-Huban-In-Susinak, Sohn d. Vor. Ein Krieg bezeugt; baut Tempel des Pinigir.

Indadari, Vater d. Folg. König?

Sutur-Nahunte, Sohn d. Vor.

Tahhihi, Vater d. Folg. König?

Hanni, Sohn d. Vor., kutur aiapir (= katru der Hapirti: S. 50), nicht König von Susa? Zeit gleichfalls ungewiß.

In dieser Zeit (um 950 bis um 770) tritt Elam wenig hervor, es scheint kein starkes Reich gegeben zu haben. Wenn es bei Angriffen auf Babylonien genannt wird, so wird es in einer Reihe mit andern aufgezählt, und Anšan wird getrennt davon genannt. So von Samši-Adad (um 820, S. 19). Es greift nicht ein unter Salmanasar II. (851 S. 19. 36); von Adad-nirari III. (812 ff. S. 38) wird es nicht erwähnt.

742—717: Humbanigas, Sohn Umbadara's, wird von Assurbanipal als erster einer Reihe von Königen genannt, deren Statuen er (außer 32 andern, früherer Könige) von Susa nach Ninive brachte. Sein Vater König oder ist er Beginner einer Dynastie? Von hier an geben die babylonische Chronik und die Nachrichten der assyrischen Könige die Königsreihe.

721: Schlacht bei Dûr-ilu gegen Sargon. Unterstützung Marduk-aplu-iddin's, Schutzhoheit Elams (S. 20). Vorher wird in der Chronik kein Eingreifen Elams berichtet, es scheint also als ob mit H. eine neue kräftigere Politik begann.

An der Grenze die Festung Nabû-dâmiḳ-ilâni (gegen Assyrien) gebaut.

717—699: Sutur-Nahunte. Sohn der Schwester (vgl. S. 49 Anm. 2) d. Vor.

710: Marduk-aplu-iddin ohne Erfolg unterstützt.

708: Nibe von Ellipi (S. 42) sucht Unterstützung.

706 ff.: Marduk-aplu-iddin sucht Zuflucht in Elam, von wo aus er ständige Vorstöße nach dem Meerlande unternimmt.

703: Schlacht bei Kiš (S. 20).

699: „Im ersten Jahre Assur-nâdin-šum's nahm Istar-ḫundu, den König von Elam, Ḫallušu, sein Bruder, gefangen und warf ihn ins Gefängnis." (Babylonische Chronik.)

699—693: Ḫallušu, Bruder d. Vor., erfolgreich gegen Assyrien.

694: Während des Einfalls Sanheribs in Elam zur See von Südbabylonien aus (S. 21), Einfall nach Nordbabylonien. Sippar zerstört, Assur-nâdin-šum gefangen, in Babylon Nergal-ušezib eingesetzt.

693: Ḫallušu in einem Aufstand getötet.

693/92: Kutur-nahunte regiert 10 Monate (Tešrit bis Ab), wird ebenfalls in einem Aufstande getötet.

692: Einfall Sanheribs gegen Elam (S. 21) drei Monate vor dem Tode K.'s, ohne Erfolg abgebrochen.

692—689: Umman-menanu (d. i. Humban-menanu III), Bruder d. Vor.; hält Mušezib-Marduk in Babylon.

691: In der Schlacht bei Ḫalule (S. 22) Sanheribs Angriff auf Babylon abgewehrt.

689: Im Nisan U. von einem Schlaganfall(?) betroffen. Babylon von Sanherib erobert. U. stirbt im Adar.

688—681: Humban-haltas I. Die babylonische Chronik erwähnt kein Eingreifen in die babylonischen Verhältnisse. H. stirbt fast gleichzeitig mit Sanherib.

681—676: Humban-haltas II. regiert bis zum 6. Jahre Assur-aḫ-iddins. Friede mit Assyrien.

680: Der Sohn Marduk-aplu-iddin's flüchtet nach Elam, wird von H. getötet.

676 bis um 665 (?): Urtaku, Bruder d. Vor. Friede mit Assyrien unter Assur-aḫ-iddin. Bei einer Hungersnot suchen elamitische Untertanen Zuflucht auf assyrischem Gebiete und werden nachher zurückgeschickt.

673: U. liefert die Götter von Agade (Sippar? vgl. 694?) an Assur-aḫ-iddin aus.

Das Gebiet der Gambuli als Grenzwehr von Assur-aḫ-iddin gesichert.

Nach Assur-aḫ-iddins Tode fällt Urtaku in Nordbabylonien ein im Bunde mit den Gambuli. Dabei Babylon nicht bedroht? Assurbanipal treibt ihn zurück, geht selbst nicht nach Elam vor.

Etwa 665 — (?): Teumman (d. i. Tep-Humban), Bruder d. Vor., verfolgt nach seines Bruders Tode dessen Söhne (Humbanigas, Humban-appa, Tammaritu) und die Humban-haltas' II. Diese suchen Zuflucht bei Assurbanipal, der zu ihren Gunsten seinen ersten Einfall in Elam unternimmt. T. wird getötet.

Um 660 bis etwa 650: Humbanigas, Sohn Urtaku's, wird in Susa als König eingesetzt, sein Bruder Tammaritu in Hidalu (S. 47).

H. läßt sich durch Šamaš-šum-ukîn zum Bruch mit Assyrien bewegen und zieht ihm zu Hilfe. Gegen ihn empört sich

etwa 649: Tammaritu „Sohn des Humbanigas, des Vatersbruders“ d. Vor. Auch er läßt sich zur Unterstützung Šamaš-šum-ukîn's bewegen. Gegen ihn empört sich

etwa 648: Indabigas, „sein Diener“. Tammaritu flieht deshalb zu Assurbanipal. I. wird wohl nach nur kurzer Regierung durch eine Empörung gestürzt und an seiner Stelle eingesetzt:

647 (?): Humban-haltas (III.), Sohn des Attumetu, Oberster der Bogenschützen. Gegen ihn zieht Assurbanipal, um Tammaritu wieder einzusetzen. H. entflieht. Ein Gegenkönig

Umbahabua, der sich in Bubilu festgesetzt hatte, entflieht ebenfalls. Assurbanipal setzt ein:

Tammaritu, der alsbald (wohl gezwungen) sich von Assyrien lossagt, aber trotzdem durch eine Empörung vertrieben wird (und wohl wieder zu Assurbanipal flüchtet. Auf den Thron kommt

Humban-haltas — wohl der Sohn des Attumetu — gegen den Assurbanipal zieht. Um 640: Susa erobert und geplündert. Königsstatuen (S. 52) weggebracht; die Nana von Uruk (S. 48) zurückgeführt. H. behauptet sich in Madaktu (S. 47) und kehrt nach Abzug der Assyrer zurück. Ein aufgetretener Gegenkönig

Pa'e flieht zu Assurbanipal. Gegen H. bricht später eine Empörung aus, und er fällt in Assurbanipals Hände.

Seit Assurbanipal keine weiteren Nachrichten über Elam. Das Vordringen der indogermanischen Stämme muß durch die wiederholten Schläge hier ebenso wie in Urarṭu begünstigt worden sein, Elam wird dem medischen Einflusse verfallen sein, nachdem das Königtum von Susa gebrochen war und Assyrien es doch nicht behauptete. Bald nach 640 müssen die „Könige von Anšan" sich festgesetzt haben, welche Kyros als seine Vorfahren nennt und die Vasallenfürsten der Meder waren.

Es hat also eine neue Einwanderung stattgefunden, welche den alten Volkscharakter Elams durch indogermanische Einwanderer ändert, genau so wie es bereits früher in Medien der Fall war. Die „Könige von Anšan" sind Fürsten dieser Bewegung, wobei es zunächst gleichgültig ist, ob sie der alten oder der neuen Bevölkerungsschicht entstammen.

Als solche nennt Kyros:

Šišpiš (Teïspes, vgl. Teuspa S. 84), etwa Zeitgenosse Nabopolassars.

Kuraš, Sohn d. Vor., zur Zeit Nebukadnezars.

Kambuziya, Sohn d. Vor., zur Zeit Nebukadnezars.

Es ist fraglich, ob diesen Susa gehörte, oder ob dieses nicht als ehemaliges „babylonisches" Gebiet (S. 22) nach dem Falle von Ninive an Babylon abgetreten wurde, während Anṣan ein medisches Vasallengebiet ist. Als solches wird es von Nabu-na'id bezeichnet. Bei den Ausgrabungen sind mehrere Inschriften von Nebukadnezar, auch eine von Amel-Marduk in Susa gefunden worden, bei denen Verschleppung kaum denkbar ist. Auch scheint (nach einer Angabe Nabu-na'id's) Nebukadnezar die Statue der Nana von Susa hergestellt (?) zu haben. Anšan (Anṣan) wird auch früher in den Zeiten der Ohnmacht Elams neben diesem genannt (S. 21).

553: Kuraš (Kyros), Sohn d. Vor., empört sich gegen Astyages (S. 85), seinen Lehnsherrn.

V. Syrien und die Hethiter.

A. Ḫatti.

Das Gebiet auf dem rechten Euphratufer wird in späterer Zeit von den Assyrern und Persern als ebir nâri „das Jenseits des Flusses" bezeichnet. In älterer Zeit (erste Dynastie von Babylon) scheint alles, was rechts vom Euphrat liegt, unter den Begriff Mar.tu (Amurru?) zu fallen, wohl weil die Amurru damals die Rolle der Nomaden spielen, wie später die Araber. Auch ist wohl der geographische Begriff Suri (S. 26) von Nordmesopotamien bis an den Halys ausgedehnt worden in natürlicher Folge der politischen Verhältnisse mancher Zeiten (s. unten). Im 2. Jahrtausend (und früher?) nennen die Inschriften in Kleinasien, westlich vom nördlichen Mesopotamien, das Land und Volk der Ḫatti (oder Ḫeta der ägyptischen Inschriften), dessen Hauptsitze westlich von der Halysgegend zu suchen sind. Östlich vom Halys liegen die Ruinenstätten von Boghazköi und Uyuk mit ihren alten Tempelanlagen, in denen Mittelpunkte eines Staates zu vermuten sind, der vielleicht in der Tel-Amarna-Zeit (S. 13) als Arṣapi bezeichnet wird (S. 56).

Im 2. Jahrtausend spielt der Ḫattistaat die Hauptrolle in Kleinasien und geht erobernd gegen Syrien und Mesopotamien vor. Die Bevölkerung, welche diese dadurch erhalten, wird mit dem von Ḫatti (biblisch Ḫittim) gebildeten Namen Hethiter bezeichnet, was nur ein künstlicher Name für die verschiedenen Völker und Bevölkerungsschichten der großen Völkergruppe ist, zu welchen die Ḫatti als bedeutendstes gehören.

Im Laufe der Jahrtausende muß auch das kleinasiatische Kulturland von verschiedenen Völkerwanderungen betroffen worden sein. Nach dem Muster der historisch bekannten des 7. und 6. Jahrhunderts (S. 83 ff.), sowie der griechischen, wird man sich vorzustellen haben, daß die „Völkerkammer" aus der sie kamen, Europa war. Die „Rasse" der „Hethiter" wäre also ein Vorläufer der Indogermanen in diesen Gegenden.

Über die Verwandtschaft ihrer Sprache (oder Sprachen) mit andern können wir nur aus den keilinschriftlich erhaltenen (Mitani-, S. 28, Arṣapi-, dann Urarṭu - Inschriften) urteilen. Zahlreiche Inschriften in einer besonderen Bilderschrift sind in Kleinasien und in Syrien (südlich bis Hamat) gefunden worden, aber noch nicht entziffert.

Bei Caesarea (Kaisariye) in Kappadokien sind Keilschrifttafeln gefunden worden, welche Vertragsurkunden in einem verunstalteten Assyrisch enthalten und einer Zeit assyrischen Einflusses anzugehören scheinen, die aber eine Verbreitung der Keilschrift voraussetzen, welche der in Palästina (S. 75) entspricht.

Aus Kleinasien stammen außerdem unter den Tel-Amarna-Briefen Schreiben des Ḫattikönigs in babylonischer Sprache und zwei Briefe eines Königs von Arṣapi (nähere Lage noch nicht bestimmt) in einer eigenen Sprache. Diese scheint identisch zu sein mit der von Tontafelbruchstücken, welche aus Boghaz-köi stammen.

Seit dem 15. Jahrhundert spielt die Hauptrolle der Ḫattistaat, daneben werden unterschieden: Muṣri mit Ḳumani = dem Comana im Taurus, Ḫanigalbat im wesentlichen = Kleinarmenien und Melitene, Arṣapi (s. oben), und das Volk der Lukki, welches an der Südküste sitzt und Cypern (Alašia) bedroht. Ihr Name ist wohl in dem der Lykier, in Lykaonien und in der Volksetymologie Leukosyrer (d. i. Lukki-Suri) am Halys erhalten. Bereits dem Mittelmeere (S. 58. 80) gehören die als ägyptische Söldner genannten Šerdani an.

1600—1500: Land und Volk der Ḫatti beherrschen Kleinasien? Die Bevölkerung, welche damals dort herrscht, ist durch eine Einwanderung in das Land gekommen, welche stammverwandte Völker weiter nach den Euphratländern geführt hat. In Mesopotamien hat sich das Volk der Mitani festgesetzt, das vom Taurus (Ḫanigalbat und Muṣri) bis nach Assyrien herrscht und anfangs auch Assyrien selbst bis an die Grenze von Medien (Arpaḫ) und Babylonien besessen zu haben scheint. Der Gott dieser Völkergruppe ist Tešub, wesensgleich mit dem Adad und Ramman der Assyrer (und „Kanaanäer"). Eine andere (ältere?) Gruppe (vgl. den König Tarḫundaras von Arṣapi) scheint denselben (?) Gott Tarḫu (Tarku, *Ταρκ-*) zu nennen.

Um 1500: Die Eroberungen der ägyptischen Könige der 18. Dynastie führen bis nach Mesopotamien und zu Tributzahlungen der Ḫatti seit Thutmosis III. (nach 1500).

Um 1400: Sapalulu, König der Ḫatti. Aus den Tel-Amarna-Briefen ergibt sich, daß die Ḫatti ihren Hauptsitz noch in Kleinasien haben, aber über den Taurus nach Syrien und Nordphönizien vorzudringen suchen.

Einen Angriff auf Mitani erwähnt Dušratta in einem Briefe an Amenophis III. (!); die Ḫatti werden geschlagen. Briefwechsel Sapalulu's mit Amenophis IV. Er dringt nach Syrien vor, wo er Nuḫašše (Gegend von Aleppo) besetzt.

14./13. Jahrhundert: Die Ohnmacht Ägyptens gibt Syrien und Phönizien dem Vordringen der Ḫatti preis. Diese setzen sich in Syrien fest, wo als ihre Hauptstadt Karkemiš gilt; davon heißt später bei den Assyrern Syrien Ḫattiland. In Phönizien dringen sie etwa bis an den südlichen Fuß des Hermon vor, also bis an die Nordgrenze des späteren Israel, wo deshalb die Bibel noch eine Bevölkerung von Ḫittîm kennt.

Als Ḫattikönige werden von Ramses II. genannt:

Sapalulu (derselbe wie der Zeitgenosse Amenophis' IV.?).

Maurasar, Sohn d. Vor.

Mauṭenel, Sohn d. Vor., entthront durch:

Ḫattusar, Bruder d. Vor.

13. Jahrhundert: Unter der 15. Dynastie, seit Seti I., neues Erstarken Ägyptens und Vordringen zur Wiedergewinnung Phöniziens.

Um 1270: Ramses II. (Sohn Setis) greift die Ḫatti unter Mauṭenel auf ihrem Gebiete in Syrien an, seine Inschrift am Nahr-el-kelb (S. 34) aus seinem 4. (?) Jahre, ein Denkstein im Ostjordanlande. Schlacht bei Kadeš in seinem 5. Jahre. Unter Ḫattusar Erneuerung des Freundschaftsverhältnisses durch einen Vertrag, dessen Wortlaut erhalten ist: Bündnis zu gegenseitiger Hilfeleistung. In Phönizien scheint das Gebiet bis an den Karmel den Ḫatti zugestanden worden zu sein.

Etwa gleichzeitig dringt Assyrien nach Niederwerfung der Mitani in Mesopotamien durch Adad-nirari I. (S. 31) unter Salmanasar I. und Tukulti-Ninib I. gegen Kleinasien und Syrien vor, um Ḫanigalbat und Muṣri zu besetzen. Salmanasar schlägt Sattuara, „König von Ḫanigalbat" (d. i. die auf ihr Westgebiet beschränkte Mitani-Macht?), der von Ḫatti und Aramäern (aḫlami) unterstützt wird, besetzt Syrien südlich bis Karkemiš. Ḫanigalbat und Muṣri besetzt, das eigentliche Ḫattigebiet (mit Karkemiš) im südlicheren Syrien und Phönizien ist davon nicht betroffen, wird aber durch die assyrischen Besitzungen vom Hauptlande abgetrennt, das nur von Cilicien (Ḳue) aus mit Syrien zusammenhängt.

12. Jahrhundert: Schwäche Assyriens (S. 33) und Ägyptens, ein neuer großer Völkerschub scheint von Europa her nach Kleinasien vorgedrungen zu sein, durch den die Völker der Ḳumanî, Kasku, Tabal, Ḫilakku, Muski (s. unten) nach Kleinasien geführt werden.

Von diesen werden zuerst die Ḳumani erwähnt, die bereits Tukulti-Ninib I. bekämpft (er faßt sie als zu den Ḳutî gehörig auf, sie sind in seiner Zeit also wohl im ersten Vordringen begriffen). Sie haben sich in der folgenden Zeit im östlichen Kleinasien festgesetzt, wo der Name der beiden Comana (im Pontos und im Taurus) wohl auf sie zurückgeht. Sie scheinen von Nordosten in Kleinasien eingedrungen zu sein. Um 1100 sind sie etwa im Pontos und am oberen Halys ansässig, denn sie stehen Muṣri gegen Tiglat-Pilesar I. bei und werden zugleich mit diesem besiegt (wobei es sich nur um Südteile ihres Gebietes am oberen Halys handeln kann). Sie bilden die östlichen Nachbarn des Ḫattistaates, solange dieser noch der Einwanderung widersteht. Ihr Gebiet wird in der Folge von weiteren Nachschüben besetzt. Von diesen sitzen die Kasku etwa seit dem 10. Jahrhundert in Armenia minor, die Tabal im östlichen Kappadokien (Muṣri) und die Ḫilakku im nördlichen Kappadokien (am Halys, also in der Gegend der Ḳumani). Der Name Ḫilak = Kilikien ist erst durch den Staat der Ḫilakku (S. 60) und dessen Beschränkung auf Cilicien in der Perserzeit auf diese Landschaft übertragen worden (bei den Assyriern Ḳue).

Inwieweit diese Völkerwanderung auch das Mittelmeer (und Europa) betroffen hat, ist offene Frage, gleichzeitig etwa wird aber Kleinasien und das Ostbecken des Mittelmeeres durch die „Seevölker" überschwemmt, welche von Merneptaḥ geschlagen werden. Die Philister (Pulusata) sind wohl ein Teil davon und haben sich in Südpalästina behauptet.

Der Staat der Ḫatti wird durch diese Einwanderung ebenfalls betroffen worden sein und eine neue Bevölkerung erhalten haben. Sein Gebiet erscheint von nun im Besitze der Muski, welche also die Erben der Ḫatti sind. Teile dieser Völker dringen bis Mesopotamien vor, wo sie um 1100 Kummuḫ zu besetzen suchen, aber von dem unter Tiglat-Pileser I. neu erstarkten Assyrien vernichtet werden (S. 33). Dieser macht die assyrischen Ansprüche auf Ḫanigalbat und Muṣri wieder geltend und gerät in Krieg mit den Ḫatti. Er schlägt ihren König ... -Tešub und bricht damit wohl die Macht des Ḫattistaates, an dessen Stelle nun in Kleinasien und Syrien (ebenso wie gleichzeitig in Palästina durch Versagen der ägyptischen Herrschaft der Staat Israel und Juda) sich kleine „hethitische" Königreiche bilden: in Kleinasien die der oben genannten Völker, in Syrien namentlich Melid und Karkemiš (S. 57). Der übrige Teil Syriens erhält eine starke Schicht aramäischer Bevölkerung (S. 4), die ebenfalls unter eigenen Königen steht; in Mittelsyrien im 9. Jahrhundert Patin (S. 64), südlich davon Hamat bezeugt, und (seit 10. Jahrhundert) Damaskus.

Durch diesen Sieg wird Assyrien der Träger aller Ansprüche der Ḫatti, also der Herr des Gebietes, welches Ramses II. an Ḫattusar abgetreten hatte, südlich bis an den Karmel. Daher rühren die Ansprüche auf das nördliche Israel, die 738 von Tiglat-Pilesar III. geltend gemacht werden (S. 40).

10. Jahrhundert: Ausbreitung der Aramäer in Syrien (und Mesopotamien). Unter Assur-irbe wird Pitru (Petor) von Aramäern besetzt. Die verschiedenen hethitischen und aramäischen Klein-

staaten werden beim Wiedervordringen Assyriens unter Assurnasirpal und Salmanassar II. unterworfen.

9. Jahrhundert: In Medien wird in der 2. Hälfte zum erstenmale der Name der indogermanischen(?) Meder (Amadai, Madai) genannt, es läßt sich also die erste indogermanische Einwanderung feststellen. Diese scheint sich in Kleinasien erst etwas später bemerkbar zu machen, denn dort sitzen noch im Ḫattilande die Muski, welche nicht mehr angreifend vorgehen, sondern an Assurnaṣirpal sogar Tribut zahlen. Der Name Ḫattiland geht bei den Assyrern auf Syrien über und wird in der Folge (wegen der Ansprüche Assyriens) bis nach Palästina ausgedehnt. In Kleinasien kein großer Staat, die einzelnen Völker (S. 58) stehen unter ihren Königen. Als besonderes Land erscheint jetzt auch Ḳue (Cilicien).

Um 870: Assurnaṣirpal (S. 36) dringt durch Patin wieder bis an das Mittelländische Meer vor, berührt aber das eigentlich kleinasiatische Gebiet nicht. Sangara von Karkemiš ist ihm tributpflichtig.

860—825: Salmanasar II. versucht das südliche Syrien durch Unterwerfung von (Hamat und) Damaskus (S. 36. 67) an sich zu bringen. Nach dem Mißlingen sichert er sich den bereits unter Salmanasar I. (S. 32) beherrschten Weg zum Mittelländischen Meere über den Taurus: Unterwerfung von Ḳuë und Züge gegen Tabal (welches das 854 noch als Damaskus untertänige Muṣri mit umfaßt).

8. Jahrhundert: Adad-nirari III. gelingt die Unterwerfung von Damaskus und die Erwerbung des gesamten einst von Ḫatti besessenen Gebietes in Palästina. Er beherrscht den Weg nach dem Meere und hat deshalb nicht nötig die ungünstige Verbindung über die Tauruständer zu sichern. Assyrien scheint sich um die kleinasiatischen Länder nicht zu bekümmern und ist ganz mit der Sicherung seines syrischen Besitzes beschäftigt. In Armenien kommt unter der Dynastie von Biaina ein letzter (östlicher) Zweig der „hethitischen" Völkergruppe auf, der einen mächtig um sich greifenden Staat bildet und allmählich den Assyrern Nordsyrien streitig macht (S. 63). Gegen Ende des Jahrhunderts ist überall von Medien bis nach Kleinasien gegenüber den verschiedenen Schichten der „Hethiter"-Bevölkerung eine neue indogermanische feststellbar, welche die Länder in der Zwischenzeit besetzt haben muß. Zu dieser gehören die Phryger.

Um 715: Als Gegner Sargons erscheint Mita von Muski, wie der von der griechischen Überlieferung Midas von Phrygien genannte, nach der älteren Bevölkerungsschicht seiner Länder (Ḫatti jetzt = Syrien und Palästina s. oben) bezeichnet wird. Er ist bemüht das Ḫattireich herzustellen. Vorstöße gegen Kleinarmenien, das Sargon durch Festungen gegen ihn sichert, und Ḳue (S. 42).

709: Midas schickt Gesandte und Geschenke an Sargon nach Babylon. Sargon überträgt die Thalassokratie an Cypern (S. 80)?

Sargon sichert den assyrischen Einfluß über die ostkleinasiatischen Staaten. In Tabal Ḫullî König, dessen Sohn Ambaris Sargon seine Tochter zur Frau gibt unter Überlassung von Ḫilakku. Er schließt sich an Midas und Rusas von Urarṭu an und verliert sein Gebiet, das assyrische Provinz wird. Sinaḫerib unternimmt Züge zur Sicherung von Ḫilakki (S. 58) und Cilicien (wo griechische Einfälle zur See stattfinden).

Seit etwa 700: Die indogermanischen Einwanderungen folgen einander, die Kimmerier (nächste Schicht die Kelten im 4./3. Jahrhundert) überschwemmen Kleinasien. Midas soll ihnen erlegen sein. Die Hauptmacht in Kleinasien wird Lydien.

675: Sanduarri von Kundi und Sisû in Cilicien im Bunde mit Sidon (S. 78).

Um 675: Assur-aḫ-iddin unternimmt einen Zug zur Sicherung von Ḫilakku und gegen das Gebirgsvolk Du'a.

Assur-aḫ-iddin verwendet seine Kräfte auf die Verfolgung der Eroberungspläne nach dem Süden, die kleinasiatischen Besitzungen werden nicht ausgedehnt und die Indogermanen nur vom Eindringen in den assyrischen Besitzstand abgewehrt. Die Grenzländer infolgedessen unruhig.

Um 670: Mukallu, König von Tabal, im Kriege mit Assyrien, unterwirft sich Assurbanipal (um 668). Sandasarme, König von Ḫilakki, desgl.

Um 668: Gyges (Gugu), König von Lydien (Luddu), stellt sich unter den Schutz von Assurbanipal gegen die Kimmerier. Er schließt sich später an Ägypten an, fällt im Kampfe gegen die Kimmerier, die Kleinasien überschwemmen.

Um 650: Ein indogermanisches Volk (die Trerer der griechischen Überlieferung?) unter Tugdamme (d. i. Dygdamis, statt Lygdamis) bedroht in Kleinasien „am Meere" (also in Cilicien?) assyrisches Gebiet, sie werden unter dessen Sohn Sandakšatra geschlagen.

Unter Gyges' Sohn (Ardys) werden die Kimmerier geschlagen und das lydische Reich hergestellt. Es beherrscht Kleinasien, jedoch bestehen bis zum Sturze Assyriens noch die assyrischen Ansprüche auf seine Provinzgebiete.

Um 600: Seit dem Sturze Assyriens wird Kleinasiens innere Entwicklung nicht mehr von außen beeinflußt. Es entstehen der Staat von Ḫilakku, der wohl den Osten umfaßt und die dortigen assyrischen Besitzungen an sich reißt. Daneben scheint Phrygien noch selbständig, aber unbedeutend, weiter bestanden zu haben. Der Westen gehört Lydien.

In Lydien folgt auf Ardys:

Um 630: Sadyattes, unter dem man wohl weitere Unruhen seitens der „Kimmerier" und sonstigen Einwanderer vorauszusetzen hat.

611—554 (nach Herodot): Alyattes (Valveiates), Sohn d. Vor., soll die Kimmerier endgiltig „verjagt" haben.

Da Phrygien keine selbständige Rolle gespielt zu haben scheint, so ist es wohl bald in Abhängigkeit von Lydien geraten. Dadurch stößt das lydische Gebiet an das der Meder, welche die assyrischen Ansprüche erworben haben.

Um 560: Krieg zwischen Alyattes und Kyaxares.

557 (nicht 585): Schlacht zwischen beiden am Halys, die durch eine von Thales in Milet angeblich vorhergesagte Sonnenfinsternis unterbrochen wird. Vermittlung zwischen den Kriegführenden durch Nebukadnezar und „Syennesis von Kilikien". Alyattes unterwirft den ganzen Westen, mit Ausnahme von Lykien. Auch die meisten Griechenstädte unterwerfen sich ihm (vgl. S. 81).

554—541: Kroisos, Sohn d. Vor. Er wird von Kyros gefangen genommen (S. 85), Lydien wird persische Provinz.

In Ḫilakku scheinen die Könige den Titel (oder die Geschlechtsbezeichnung) Syennesis zu führen. Nach Sandasarme unter Assurbanipal (S. 60) wird der Syennesis erwähnt, der zwischen Alyattes und Kyaxares vermittelt. Sein Gebiet wird vom Halys (Ḫilakku) südwärts über den Taurus gereicht und auch Ḳue (Cilicien) umfaßt haben. In persischer Zeit erscheint Tarsus (vgl. S. 43) als Königstadt und das Gebiet der „Könige von Cilicien" auf die Landschaft südlich vom Taurus beschränkt.

B. Armenien.

In ältester Zeit werden alle nördlich vom babylonischen Machtbereiche (also von Assyrien) gelegenen Länder unter dem Gesamtnamen Gutium (Ḳutî) zusammengefaßt, sie gelten meist als unzugängliche Gebirgsländer mit einer wilden Bevölkerung (S. 84). Seit dem Emporkommen Assyriens dringt dieses am Euphrat aufwärts vor und unterscheidet, als Zwischenland zwischen dem im Hochgebirge gelegenen Armenien, die Naïri-Länder (meist als Mehrheit gefaßt). Von diesen werden in späterer Zeit, wo auch der östliche Teil erobert wird, noch einzelne andere wie Ḫubuškia und Zamua unterschieden. Der Vansee ist der Mittelpunkt des Staates von Urarṭu seit dem 9. Jahrhundert, am Urumiyasee liegt der Staat Man.

Die Bevölkerung dieser Länder ist im wesentlichen stammverwandt mit derjenigen, welche in Kleinasien und Mesopotamien als von außerhalb eingedrungen zu erkennen ist. Soweit Völkerwanderungen nicht über das Meer (Griechenland; Thrakien) eindringen, müssen sie von Europa über die Kaukasuspässe gehen.

14. Jahrhundert: Adad-nirari I. dringt am Euphrat aufwärts vor gegen die „Ḳutî".

Um 1300: Salmanasar I. besetzt (nach Vernichtung der Mitaniherrschaft durch seine Vorgänger) das Gebiet am oberen Euphrat mit assyrischen Kolonisten: Kurḫi, Kummuḫ u. a. zwischen Euphrat und Tigris in der Höhe von Amid (Diârbekr); Stadt Damdamusa und Landschaft Lubdi.

Um 1275: Tukulti-Ninib I. setzt die Eroberungen in diesem Gebiete fort: „König von Šubarî, Ḳutî und allen Naïri-Ländern".

Um 1100: Tiglat-Pilesar I. unterwirft die verloren gegangenen Naïri-Länder (Kämpfe mit Kurḫi) neu. Er kommt bis an die Euphratquellen, sein Bild und Inschrift in der Grotte des Ṣubnat (Sebene).

Um 890: Tukulti-Ninib II. dringt bis ebendorthin vor und errichtet Bild und Inschrift.

Um 870: Assurnasirpal unterwirft auf mehreren Zügen die Naïri-Länder von Westen und Osten aus; Ḫubuškia, Zamua, Muṣaṣir. Auch er errichtet Bild und Inschrift am Ṣubnat.

857: Salmanasar II. am Euphrat aufwärts in die Naïri-Länder. Im Westen vom Vansee nennt er als seinen Gegner A r a m e, König von Urarṭu. Erste Erwähnung eines einheitlichen Staates oder Königreiches. Die Hauptstadt Arzaškun wird zerstört, das Land bis an den Vansee verwüstet, am „Berge Irriṭia" Inschrift errichtet. G i l z a n und Ḫ u b u š k i a unterworfen. Im selben Jahre von Osten her Zug nach Zamua.

Salmanasar wendet in der Folge seine ganze Kraft auf Eroberung Syriens und begnügt sich nur das assyrische Gebiet zu sichern. Auch er hat eine Inschrift am Ṣubnat anbringen lassen. Von Zusammenstößen mit Urarṭu erwähnt er zunächst nichts mehr bis

833, wo er ein Heer am Euphrat aufwärts schickt, das S e d u r i von Urarṭu besiegt. Dieser ist bekannt aus eigenen Inschriften als der Stammvater einer Dynastie, welche in Urarṭu mit der Hauptstadt Ṭuruspa (so die assyrischen Inschriften) oder Ṭuspa (so die einheimischen) ein K ö n i g r e i c h begründet, das die Assyrer U r a r ṭ u nennen.

Die Dynastie scheint aus dem östlichen Armenien zu stammen, in ihren einheimischen Inschriften nennen sich die Könige „König von B i a i n a, herrschend(?) in Ṭuspa". Sie verehren den Gott Tešub (S. 56), als den des Landes aus älterer Zeit, der Gott ihres

Volkes ist Ḫaldia, der auch einen Tempel (und seine Heimat, also die des Königshauses hier, oder doch an einem Orte, von wo gleiche Stämme nach beiden Seiten vordrangen?) in Muṣaṣir (s. 714) hat. Diese Bevölkerungsschicht ist die letzte „hethitische" (S. 55).

Um 833: Sarduri I., Sohn Lutipris', von Salmanasar als Seduri erwähnt. Bekannt aus Inschriften, die noch assyrisch abgefaßt sind, nennt sich darin König von Naïri, in einer der assyrischen nachgeahmten Titulatur.

Um 820: Ispuinis, Sohn d. Vor. Die Inschriften werden von nun an in der Landessprache gesetzt. Zahlreiche Inschriften von ihm und seinen Nachfolgern aus allen Teilen des Landes, nördlich, westlich, südöstlich vom Vansee.

Auf dem zweiten Feldzuge Šamši-Adad's wird Ispuinis genannt (S. 37).

Er nimmt seinen Sohn Menuas als Mitregenten an. Von beiden die Stele im Keliŝin-Passe als Grenzmarke gegen Assyrien (Südosten) in assyrischer und in einheimischer Sprache errichtet.

Um 790: Menuas, Sohn d. Vor. Zeitgenosse Adad-nirari's III., der sein Augenmerk auf Syrien richtet. Armenien kann sich ungehindert entwickeln.

Um 770: Argistis I., Sohn d. Vor. Die zunehmende Schwäche Assyriens gestattet Ausbreitung Armeniens gegen Kleinasien und Syrien hin, die Naïri-Länder und Melitene besetzt, Kämpfe mit den „Ḫatti" d. h. den „Muski" (S. 58) der Assyrer. Die Annaleninschrift am Burgfelsen von Van.

Kriege mit Assyrien s. S. 39.

Um 750: Sarduris II., Sohn d. Vor., dehnt seinen Einfluß namentlich auf Nordsyrien aus. Mati-'il von Arpad schließt sich an ihn an.

743: Er wird von Tiglat-Pilesar III. im Gebiete von Kummuḫ geschlagen und über die „Euphratbrücke, die Grenze seines Landes" zurückgedrängt, aus Syrien vertrieben.

739: Tiglat-Pilesar besetzt Ulluba (S. 40).

736: Naïri von Assyrien besetzt.

735: Belagerung von Ṭuspa.

Um 725—714: Rusas I., Zeitgenosse Sargons, geht wieder gegen Assyrien vor, zum Teil im Einverständnisse mit Midas (S. 59).

716: Der durch ihn unterstützte Aufstand in Man (S. 61) von Sargon niedergeworfen.

715: Desgl. die übrigen Nachbarländer.

714: Die Zigirtu von Sargon (S. 42) geschlagen. Muṣaṣir (König Urzana) erobert und assyrische Provinz (der Gott Ḫaldia und Göttin Bagbartu). Urarṭu verwüstet. Rusas endet durch Selbstmord.

Von jetzt an machen sich die indogermanischen Stämme an den Grenzen Urarṭus und in Man immer mehr bemerklich.

714 bis um 680: Argistis II. wird 709 von Sargon schon wieder als Verbündeter Muttallus von Kummuḫ genannt. Fortschritte der indogermanischen Völker, welche eine Gefahr für Urarṭu wie für Assyrien werden.

Um 670: Rusas II. von Muski d. i. Phrygien (? noch unter Midas?) angegriffen.

Unbedeutende Verwicklung mit Assur-aḫ-iddin wegen weggelaufener Untertanen des Grenzlandes Šupri, das unter selbständigen Königen stand (die Namen der Mitglieder der Königsfamilie sind mit -Tešub gebildet: vgl. S. 62). Das Land wird neu mit assyrischen Kolonisten besetzt.

Um 660: Erimenas.

Um 650: Rusas III.

Um 640: Sarduris III. unterwirft sich freiwillig Assurbanipal, wohl um Schutz gegen die indogermanischen Stämme zu erlangen.

Ende des Reiches Urarṭu, durch Verschmelzung der alten Bevölkerung mit den Einwanderern entsteht das armenische Volk.

C. Nordsyrien und Patin.

1500—1200: Die aramäische Einwanderung (S. 4) überschwemmt Syrien und Mesopotamien. Seitdem werden dort die aḫlamî (Aramaja d. i. aramäische Beduinen?) erwähnt, mit denen die Assyrerkönige kämpfen. Die Eroberung Syriens durch die Ḫatti und durch hethitische Völker (S. 57) bringt dem Lande gleichfalls eine neue Bevölkerungsschicht, die der aramäischen entgegen wirkt. Als Sitz der Ḫatti gilt Karkemiš (S. 57).

13. Jahrhundert: Salmanasar I. besitzt Nordsyrien und dringt bis ans Mittelmeer vor.

Um 1100: Tiglat-Pilesar I. erwirbt die Ansprüche der Ḫatti und kommt bis nach Nordphönizien (S. 34. 58).

10. Jahrhundert: Nach dem Rückgange der Hethitermacht und dem Sturze Assyriens haben sich die Aramäer ungehindert ausbreiten können. Sie besetzen unter Assur-irbe Petôr (S. 35).

9. Jahrhundert: Beim erneuten Vorrücken Assurnasirpals (S. 36) besteht im 'amḳ (S. 37. 40) der Staat von Patin, der eine hethitisch-aramäische Mischbevölkerung hat, entsprechend seiner Lage zwischen den Gebieten der beiden Rassen. Er wird im Süden begrenzt durch das unter Oberhoheit von Damaskus stehende Gebiet von Hamat (S. 36).

876 oder 868: Assurnasirpal durchzieht Patin, das sich unterwerfen muß. König Liburna oder Lubarna, Hauptstadt Kunalua (Kinalia).

Das Gebiet von Patin erscheint von nun an wieder in einzelne Gaue zerfallend (S. 40):

859: Salmanasar II. empfängt den Tribut von diesen und zwar von Mutallu von Gurgum (Hauptstadt Lutib), Ḫaiani, „Sohn Gabbars" von Sam'al, Sapalulme von Patin.

854: Ḫaian, Sohn Gabbars, Kalparunda von Patin, und Kalparunda (Versehen?) von Gurgum ebenso erwähnt. Salmanasar rückt über Aleppo gegen Hamat und Damaskus (S. 36).

832: Lubarna (II.) in Patin in Aufstand getötet. Surri wird zum König erhoben. Ein assyrisches Heer belagert Kinalua, wo Surri stirbt. Die Stadt unterwirft sich, Sâsî wird als König von den Assyrern eingesetzt.

Ein weiterer Gau von Patin ist Ja'udi. Die einzelnen Gaukönige greifen auf die Nachbargebiete über, in der Folgezeit erscheint als König von Ja'udi Kalammû, Sohn Ḫaia(n)s, „König von Gabbar über Ja'udi".

Vor 750: Panammû, Sohn Ḳarals, König von Ja'udi. Seine Stele mit Inschrift bei Sendširli (Sam'al) gefunden.

738: Bei der Herstellung der assyrischen Oberhoheit in Syrien unterwerfen sich: Tarḫulara von Gurgum, Panammû von Sam'al (Sendširli); Widerstand leistet Tutammû von Unḳi (S. 40) = Patin, Kinalia erobert, Unḳi Provinz; und Azrija'u von Ja'udi. Dessen Hauptstadt Kullanî (? biblisches Kalnô?) erobert, das Land wird Provinz. Es bleiben also nur Gurgum und Sam'al übrig.

733/32: Panammû als Vasall leistet Heeresfolge im Zuge gegen Damaskus und stirbt bei der Belagerung. Seine Statue in Sendširli gefunden, die ihm errichtet worden ist von seinem Sohne und Nachfolger

732—?: Bir-rekab, König von Sam'al. Bauten in Sam'al.

Um 720: Sam'al wohl unter Sargon ebenfalls Provinz geworden, es erscheinen assyrische Statthalter von Sam'al.

711: Tarḫulara von Gurgum wird von seinem Sohne Muttallu ermordet. Nach Eroberung der Hauptstadt Marḳasi = Mar'aš wird auch dieses Gebiet als Provinz eingezogen.

Um 670: Errichtung der Stele Assur-aḫ-iddins in Sendširli nach dem Siege über Ägypten (S. 45).

D. Damaskus.

Die Stadt beherrscht durch ihre Lage den Verkehr, der durch die syrische Steppe geht; von hier führen die Karawanenstraßen ostwärts nach Babylonien, südwärts nach Arabien, nordwärts nach Syrien und Mesopotamien und westwärts über die Libanonpässe nach Sidon und Tyrus (auch nach den nördlichen Phönizierstädten).

Durch reiche Bewässerung hat sie zu allen Zeiten als besonders fruchtbar gegolten, ihre Gärten (vgl. 842) bilden noch heute ihren Stolz.

16.—14. Jahrhundert: Unter der ägyptischen Herrschaft wird sie als eine der syrischen Städte erwähnt, ohne daß eine besondere Bedeutung bemerkbar wäre. „Dimašķi" im Lande Ube (Hoba der Bibel) in den Tel-Amarnabriefen.

Die Stadt wird erst in der Zeit der israelitischen Geschichte in der Bibel öfter genannt und wird gegen Ende des 10. Jahrhunderts (S. 76) Sitz eines Königreiches, das zeitweise das mittlere Syrien beherrscht. Die Bevölkerung ist bis dahin wohl wesentlich „kanaanäisch" (amoritisch), jedoch seit dieser Zeit aramäisch (Aram Dameseķ). Der Stadtgott scheint Rimmon (Ramman, ein „kanaanäischer" Name) gewesen zu sein.

Um 950: Rezon, Sohn Eljada'ʿs, nach 1. Kön. 11, 23 Begründer einer Dynastie.

Ḫezjon. 1. Kön. 15, 18 als Großvater Benhadads genannt; der Name wohl verderbt.

Ṭab-Rimmon (vielleicht = * Ṭab-'el?) wird 1. Kön. 15, 18 als Vater des Folgenden genannt.

Etwa 885—843: Benhadad (im massoretischen Texte, in der Septuaginta *υἱὸς Ἀδερ*, keilinschriftlich Im-'idri, d. i. Adad-'idri, Ramman-'idri oder Bur-'idri). Wird in der Bibel irrtümlich in Benhadad I. (1. Kön. 15, 18) und II. (20, 1; 2. Kön. 6, 24; 8, 7) getrennt. Zeitgenosse der israelitischen Könige Baʿsa, Ela, Omri, Ahab, Joram. Der Begründer der Macht von Damaskus in dieser Zeit, er beherrscht das mittlere Syrien und unterwirft Palästina. Salmanasar nennt zwölf Könige, die ihm Heeresfolge leisten, von Hamat und Cilicien bis nach Ammon; unter ihnen Aḫabbu Sir'alai (Ahab von Israel).

876 oder 868: Assurnasirpal auf seinem Zuge über Aleppo durch Patin nach Nordphönizien (S. 36) vermeidet die unter Damaskus stehenden Gebiete (Hamat, Ķue) anzugreifen; dagegen unterwerfen sich ihm die phönizischen Hafenstädte, die unabhängig von Damaskus sind. Die Gründung der Kolonie in Aribua bildet eine Grenzwacht gegen die in Nordphönizien zu Hamat gehörigen Gebiete (738 von Tiglat-Pilesar eingezogen S. 40), und gegen die binnenländischen Damaskus unterstehenden Phönizierstädte (Arķa, Usana, auch Arvad genannt, das sich Assurnasirpal unterworfen hatte).

854: Erster Angriff Salmanasars II. auf Bir-'idri. In der Schlacht bei Ķarķar im Gebiete von Hamat, also an der Nordgrenze des damaszenischen Gebietes. Der Angriff wird abgeschlagen.

850(?). 849. 846: Wiederholung der Angriffe, ebenfalls ohne Erfolg. Es werden stets die zwölf Könige als Gegner genannt.

In der Zwischenzeit hat die assyrische Politik die Vasallen von Damaskus zum Abfall zu bewegen versucht. Die Kämpfe zwischen Israel und Damaskus werden, soweit sie unter Ahab stattfanden, vor 854 gehören und diesen zum Anschluß an Damaskus gezwungen haben, soweit sie nach seinem Tode (um 854!) fallen, Abfallsversuche seiner beiden Söhne und Nachfolger (Ahasja 854/53, Joram 853—843) bezweckt haben. Diese vermögen aber nach den vergeblichen Angriffen Assyriens sich nicht loszumachen. Die Belagerung von Samaria durch Benhadad wird abgebrochen, veranlaßt aber wohl doch die weitere Anerkennung der Oberhoheit.

843: Eine gegen Damaskus gerichtete Bewegung, wohl von Assyrien unterstützt, in den verschiedenen Staaten. Der Prophet Elisa wirkt in Israel wie in Damaskus in diesem Sinne. In Israel wird das Haus Omris gestürzt von Jehu, der sich unter assyrischen Schutz stellt (S. 37), in Damaskus wird nach Bir-'idri's Tode König

843 — etwa 804(?): Ḫaza-el (nicht aus Königsgeschlecht). Er verweigert die Anerkennung der assyrischen Oberhoheit, deshalb ist gegen ihn gerichtet

842: Salmanasars Zug (S. 37). Vergebliche Belagerung der Hauptstadt, Damaskus unterwirft sich nicht, steht aber von jetzt ab allein.

839: Letzter Versuch Salmanasars Hazael zu unterwerfen. „Vier seiner Städte" erobert, der Zug wird in der Eponymen-Chronik als „nach dem Lande Danabi" bezeichnet: Bekaʿa, Dunib?

In der Folgezeit greift Assyrien nicht mehr im Westen ein, Hazael kann also, wohl namentlich bei den Wirren in Assyrien um 824 (S. 37), an die Herstellung seines Einflusses gehen. Kriege gegen Israel und Juda, die deren Unterwerfung bezwecken.

804 (?) — etwa 774 (?): Mari' ist wohl der in der Bibel als Benhadad (III.), Sohn Hazaels, bezeichnete (2. Kön. 13, 25).

803(?) oder 797 oder 787 (S. 38): Mari' unterwirft sich Adadnirari III., der ganz Palästina bis nach Edom zur Anerkennung seiner Oberhoheit zwingt.

773: Zug Salmanasars III. „nach Damaskus".

? Jerobeam erobert Gebiet an der nordisraelitischen Grenze zurück (2. Kön. 14, 25).

773(?)—?: Ṭab-'el, als Vater Raṣôns durch Jesaja 7, 6 bezeugt. Sein Stammgebiet nennt Tiglat-Pilesar III. Bêt-Ḫadara. Durch den Niedergang Assyriens bleibt Syrien sich selbst überlassen und Damaskus kann seinen Einfluß wiederherstellen. Tiglat-Pilesar III. (S. 39) muß deshalb alles von neuem unterwerfen.

?—732: Raṣôn (assyrisch Raṣûnu, AT Reṣîn).

Es scheint als ob Raṣôn nicht lange vorher auf den Thron gekommen ist, da nichts von Übergriffen auf Israel verlautet und er sich zunächst Assyrien unterwirft, was seinem spätern Verhalten widerspricht.

738: Raṣôn erkennt Tiglat-Pilesars Oberhoheit an. Einziehung nordisraelitischer und hamathensischer Gebiete in Nordphönizien (Provinz Ṣimirra) durch Tiglat-Pilesar.

735: Abfall von Assyrien, während Tiglat-Pilesar in Urarṭu beschäftigt ist. In Samaria erhebt die assyrienfeindliche Partei Pekach auf den Thron, der also auf Betreiben Raṣôns König wird. Der Versuch Ahas zum Anschluß zu zwingen, führt zur ergebnislosen Belagerung von Jerusalem, zu der Pekach Heeresfolge leistet (Jesaja 7). Sie wird aufgehoben, denn es erscheint

734: Tiglat-Pilesar in Philistaea.

733/32: Belagerung von Damaskus, das erobert und assyrische Provinz wird. Raṣôn nach 2. Kön. 16, 9 hingerichtet.

720: Damaskus beteiligt sich mit dem gleichfalls mittlerweile als Provinz eingezogenen Samaria und mit Ṣimirra an dem Aufstande Hamats unter Ja'ubi'di gegen Sargon (S. 41).

Es bleibt assyrische Provinz. Assurbanipal nennt es als Ausgangspunkt von Unternehmungen zur Niederwerfung der Araber (S. 46. 72).

Aus dem südlich davon gelegenen Gebiete (auch Ostjordanland) ist wohl ebenfalls von Tiglat-Pileser die Provinz Ṣubiti (Ṣobâ der Bibel) errichtet worden.

Mit dem Falle von Damaskus ist der einzige Staat unterworfen, der es in Syrien zu einer Großmachtstellung gebracht hatte (man vgl. Damaskus als Herrschersitz in der ersten Zeit des Islam). Von nun an ist Assyrien die einzige Großmacht, welche für den Westen in Betracht kommt, bis Ägypten einzugreifen versucht (691 unter Taharḳa S. 43).

VI. Arabien
in seinen Beziehungen zu den Euphratländern.

Die Halbinsel ist in ihrem Innern bis jetzt wohl der am wenigsten bekannte Teil der Welt, trotzdem ihre Geschichte sie als den Sitz selbständiger Kulturen erweist. Ihre große Ausdehnung und die Trennung der einzelnen Teile durch Wüstenstriche läßt sie in mehrere Länder zerfallen, welche in der Hauptsache als der Osten, Südwesten (Jemen) und Norden unterschieden werden können. Von diesen hat der Südwesten die selbständigste Rolle gespielt und zeitweilig eine eigene Kultur, die südarabische oder sabäische mit einem eigenen Alphabet entwickelt, in welchem tausende von Inschriften vorhanden sind. Die drei Teile der Halbinsel werden in ihrer Entwicklung durch ihre Lage beeinflußt: der Osten von den Ländern des persischen Meeres und Indiens, der Norden durch die Euphratländer, der Jemen hat seine Bedeutung als Durchgangsgebiet für den Verkehr zwischen dem östlichen Asien (Indien) und den Mittelmeerländern erhalten und hat Afrika (Abessinien) beeinflußt oder ist von dort beeinflußt worden.

Allgemeinbezeichnung bei den Babyloniern ist für die Halbinsel „Magan'und Meluḫa", was im wesentlichen als Ost- und West-Arabien zu unterscheiden ist. Die Insel Bahrein wird (wohl mit dem zugehörigen Küstenstrich) bereits seit den ältesten Zeiten als Dilmun erwähnt. In den verschiedenen Jahrtausenden sind je nach der Art der Berührungen unter diesen uralten Namen verschiedene Gegenden und Staaten verstanden worden. Der Name Arabien ist jung und erst von den Aribi eingeführt worden, als diese in verhältnismäßig später Zeit (S. 4. 71) den Norden beherrschten. Die Vorgeschichte des Landes wird durch die Annahme bestimmt, daß es die Heimat der semitischen Völkergruppen war, welche hier in regelmäßigen Zeiträumen sich entwickelten und nach den Kulturländern abgestoßen wurden (S. 1—4). In ihren großen vorgeschichtlichen Zügen fällt also die innere Entwicklung des Landes mit diesen Wanderungen zusammen, als deren letzte und im Lichte der Geschichte liegende die islamische Eroberung erscheint.

Um 2800: Naram-Sin erobert „Dilmun, Magan und Meluḫa", besiegt „17 Könige mit 30,000 Mann". Von ihm sind Vasen erhalten, welche als „Beute von Magan" bezeichnet waren.

Gudea (S. 8) bezieht Material zu seinen Bauten aus Magan und aus Meluḫa. In seinen Inschriften wird Schiffsverkehr mit diesen Ländern erwähnt, der also durch das persische Meer und um Arabien herum gegangen sein muß.

Seit dieser Zeit verlautet bis auf die Assyrerzeit nichts mehr über nähere Beziehungen der Euphratländer zu Arabien. Durch die Abtrennung des „Meerlandes" (S. 11) als besonderer Staat wird Babylonien vom Seehandel ausgeschlossen und es entstehen kleinstaatliche Verhältnisse, welche eine selbständige Entwicklung auch für Arabien ermöglichen. Das Verhältnis des Staates der ersten Dynastie von Babylon (Amurri) zu Arabien ist noch unbekannt. Die große „kanaanäische" oder „Amurru"-Wanderung muß Nordarabien eine gleichartige Bevölkerung gegeben haben. Eine Urkunde aus dieser Zeit scheint eine Amurru-Bevölkerung in Suḫi, dem rechts-euphratensischen Zwischenlande, in derselben Rolle vorauszusetzen, wie sie in der vorislamischen Zeit die Araber von Hira und Ghassan (vgl. auch unten Aribi etc.) spielen.

Die arabische Kultur, welche sich im Jemen entwickelt, scheint zuerst von dem Volk der Maʿîn (Minäer) entwickelt worden zu sein, deren Herrschaft vor der zweiten Hälfte des 2. Jahrtausends (also etwa 1200) bis ins 1. Jahrtausend bezeugt ist. Die „Könige von Maʿîn" haben zeitweilig auch Nordarabien beherrscht, Inschriften von ihnen sind in el Öla gefunden worden, ihre Handelsinteressen brachten sie in Berührung mit den südpalästinensischen Staaten. Namentlich Gaza ist der Endpunkt der Karawanenstraßen.

Auf die Herrschaft der „Könige von Maʿîn" folgt eine solche von „Königen von Saba", die Minäer sind also von den Sabäern verdrängt worden, deren Erwähnung in assyrischen Inschriften im 8. Jahrhundert gesichert ist. Auch aus dieser Zeit und dem folgenden Jahrtausend bis in die Vorzeit des Islam sind zahlreiche Inschriften vorhanden. Eine Ordnung des Materials und Ausbeutung zu geschichtlichen Zwecken ist noch nicht möglich, besonders weil der wichtigste Teil davon wissenschaftlich noch nicht zugänglich ist.

9. Jahrhundert: Assurnasirpal nennt auf dem rechten Euphratufer von Babylonien bis Syrien aufwärts: Suḫi, Ḫindanu, Laḳî als drei Zwischenstaaten zwischen dem Kulturlande und Arabien. Sie haben wohl eine noch nicht arabische Bevölkerung.

Suḫi (vgl. oben) begegnet zeitweise unter babylonischer Herrschaft, in Babylon ist eine Inschrift eines Vizekönigs Šamaš-rêš-uṣur von Suḫi (Zeit?) gefunden worden.

854: Unter Salmanasar II. erste Erwähnung von „Aribi". Gindibu „der Araber" ist Lehnsmann von Bir-'idri und beteiligt sich als solcher an der Schlacht bei Ḳarḳar (S. 36. 66).

Damaskus als Knotenpunkt der Karawanenstraßen ist die wichtigste große Stadt an der Grenze der Steppe und deshalb zu allen Zeiten der Ausgangspunkt des Verkehrs mit den Völkern der syrischen Steppe und Arabiens (vgl. S. 65). Die nördlichsten von diesen geraten deshalb leicht in ein Abhängigkeitsverhältnis oder werden als Bundesgenossen geworben.

8. Jahrhundert: Durch die Besetzung von Damaskus und Palästina gerät Assyrien in unmittelbare Berührung mit den nordarabischen Staaten, welche wegen ihrer Handelsinteressen sich den Zutritt zu den Endstationen der Karawanenstraßen freihalten müssen.

738: Tiglat-Pilesar III. empfängt (als Herr von Palästina und Gaza) den Tribut der Königin Zabibê von Aribi und der nordarabischen Stämme (s. ihre Aufzählung S. 40) südwärts wohl bis Mekka.

Es besteht also ein Staat Aribi in der syrischen Steppe, dessen Mittelpunkt Adumu, Adumatu (wohl = Dumâ im Gôf) ist. Er steht unter Königinnen und sein Hauptkult ist der des Atar-Samain d. i. des männlichen Venussternes, der für ganz Nordarabien bezeichnend ist.

734: Tiglat-Pilesar setzt den „Araber" Idiba'il als seinen Stellvertreter über das Land Muṣri.

So wird das Gebiet bezeichnet, welches nördlich an das Wadi (den Flußlauf) stößt, welches naḫal Muṣri (biblisch „Bach von Ägypten") heißt und das als Landesgrenze zwischen Palästina und Arabien gilt. Muṣri ist in dieser Zeit ein eigener Staat, der südlich wohl etwa bis Medina gereicht haben mag und von dem Könige erwähnt werden, die aber auch als Statthalter des „Königs von Meluḫa" erscheinen. Der Sitz des letzteren ist demnach weiter südlich — also im Jemen (Ma'în?) zu suchen.

725: Sib'e erscheint als „König von Muṣri" und unterstützt alle Bestrebungen in Palästina, welche Abfall von Assyrien bezwecken. Er ist Bundesgenosse Hoseas von Samaria.

Sein Name ist im hebräischen Texte in den eines Sô', König von Ägypten (Miṣraim) entstellt. Seine Hauptstadt ist Jareb am naḫal Muṣri und er wird daher auch „König von Jareb" (Hosea 5, 13; 10, 6) genannt. In der jetzigen Überlieferung ist sein Land stets zu Miṣraim = Ägypten geworden. In dieser Zeit spielt Ägypten für die Politik Palästinas keine Rolle, der Rückhalt gegen Assyrien ist nur Muṣri.

720: Sib'e von Sargon hier als turtan (wessen? des Königs von Meluḫa?) bezeichnet, unterstützt Ḫanunu von Gaza und wird mit ihm bei Raphia (Rapiḫi) am naḫal Muṣri besiegt.

715: Sargon wirft einen Aufstand der nordarabischen Stämme Tamûdi, Ibâdidi, Marsimani und Ḫajapa, die seit 738 tributpflichtig sind, nieder und siedelt sie in Samaria an. Pir'u, König von Muṣri, der von jetzt an statt Sib'e's genannt wird, Samsî die Königin von Aribi und „It'amra der Sabäer" zahlen „Tribut".

Den Namen Jata-'amar = It'amra führen mehrere Fürsten von Saba, darunter der erste, der in einer großen Inschrift als der Begründer des Reiches Saba bezeugt ist.

711: Pir'u unterstützt den Aufstand von Asdod (S. 42). Jamani entflieht nach Muṣri und wird vom König von Meluḫa (also dem Oberherrn Pir'u's?) an Sargon ausgeliefert.

701: Die „Könige des Landes Muṣri" und ein Entsatzheer des „Königs von Meluḫa kommen dem von Sinaḫerib besetzten Juda (S. 43) zu Hilfe und werden bei Altaḳu (Elteḳe) geschlagen.

Nach 688: Sinaḫerib zieht gegen Adummatu (S. 71) „inmitten der Steppe" gegen Ḫaza-el „König der Arabi" und Te'elḫunu, die als „Königin" und „Priesterin" (kumirtu) bezeichnet wird. Die Priesterin und die Gottheit („Istar") werden nach Ninive gebracht.

Für etwaige Zusammenhänge dieser Unternehmung mit einer solchen gegen Ägypten und einer Bedrohung Judas s. S. 43.

Um 675: Assur-aḫ-iddin gibt nach der freiwilligen Unterwerfung Ḫaza-il's Tabu'a, die in Ninive geborene Tochter(?) der Te'elḫunu, als „Königin" (und Priesterin) an Ḫaza-il zurück. Nach dessen Tode wird sein Sohn Ja'lu (bei Assurbanipal Ja'uta und Uaite, der Name ist wohl Jeṯaʿ-il) König.

Die Verbindung der Würde von Priesterin und Königin ist augenscheinlich dem „Lande Aribi" eigentümlich. Die Königin spielt eine selbständige Rolle neben dem Könige, wie es auch später bei den Nabatäern (S. 73) bezeugt ist.

676: Assur-aḫ-iddin's Zug nach dem „Lande Baṣ" in Arabien, wohl im Osten zu suchen. „Acht Könige" unterworfen.

670: In Verbindung mit dem Zuge gegen Ägypten wird ein Zug durch Wüstengebiet von Muṣri unternommen (vgl. auch Sinaḫerib!).

Assur-aḫ-iddins Politik (bereits von Sinaḫerib in seiner letzten Zeit begonnen? S. 43) bezweckt die Herstellung des alten Reiches Sargons von Agade und Naram-Sin's. Er nennt sich „König von Dilmun, Magan und Meluḫa".

Um 650: Die arabischen Völker im Einverständnisse mit Šamaš-šum-ukîn (S. 46) stellen sich feindlich gegen Assurbanipal. Dieser unterscheidet: Aribi, das noch unter dem Sohne Ḫaza-il's (Ja'uta, Uaite s. um 675), und nach seiner Gefangennahme Abijate's steht; Nabajati (die biblischen Nebajôt) unter Ammuladin, und Ḳadri (biblisch Ḳedar) unter Natnu. Die Aribi fallen in Palästina und Syrien ein und werden durch Züge niedergeworfen, welche von Damaskus ausgehen. Eine arabische Hilfsschar wird bei der Eroberung von

Babylon mit vernichtet. Die drei Völker erkennen wieder die assyrische Oberhoheit an, als Völkernamen begegnen in der Folge hauptsächlich Ḳedar und Nebajôt, Aribi (als die ältere) wird zur (geographischen) Gesamtbezeichnung.

Bei seinen Zügen erwähnt Assurbanipal den Stamm der Isamme' als Pfleger der Gottheit Atar-samain.

Um 580: In Nebukadnezars Zeit werden die Ḳedar in der Bibel genannt, die augenscheinlich von Babylon aus unterworfen werden. In Juda hat man bei den Aufständen mit ihrer Hilfe gerechnet wie 701 und nach 688. Nebukadnezar erhält Beisteuer zum Bau des Stufenturmes von Babylon auch von „dem König ferner Gebiete, welche im untern (d. i. Persischen) Meere gelegen sind", also von Dilmun.

Bei Jeremia (49) wird die Königin von Ḫaṣôr erwähnt, also eine Priesterkönigin der Ḳedar wie die der Aribi unter Sinaḫerib.

In Teimâ ist (außer andern aus etwas späterer Zeit) eine Inschrift eines Priesters (komrâ, vgl. kumirtu) Ṣalm-ušezib gefunden worden, welche Bestimmungen über die Ausstattung des Kultes eines Gottes enthält. Die Darstellung zeigt den Priester in stark assyrischer Beeinflussung. Die Schrift und Sprache ist aramäisch, die Zeit wohl die des 7. oder 6. Jahrhunderts.

5. Jahrhundert: Von Nehemia wird Gašmu der Araber erwähnt, der im Gebiete von Juda Interessen hat.

An die Stelle der Ḳedar und Nebajôt treten die Salamier und Nabatäer (Nabaṭ), die bis zur Römerzeit hier sitzen.

VII. Das Mittelmeer.

A. Phönizien.

Der Küstenstrich, welcher vom Libanon (und dessen südlichen Ausläufern) im Osten begrenzt wird, ist durchgehends sehr schmal und bietet nur einer wenig zahlreichen Bevölkerung Platz. Die wichtigsten Ansiedlungen, die Königstädte, liegen in Entfernungen eines Tagemarsches auseinander (8—9 Stunden), die bedeutenderen unter ihnen lagen auf Inseln (Arvad, Sidon — s. S. 73 —, Tyrus), und haben ihre Blüte als Handelsstädte erreicht. Es sind von Norden nach Süden: Arvad (Tripolis), Gobal (Byblos), Be'erôt (Berytos, Beirût), Sidon, Tyrus (Ṣôr), Akka (Ptolemais), Jaffa (letzteres durch seine Lage südlich vom Karmel bereits vom eigentlichen Phöniziergebiet getrennt). Der Name Phönizier begegnet erst in späterer klassischer Zeit. Einheimischer Gesamtname ist Sidonier (Ṣidônîm), wie die Phönizier auch bei Homer heißen. Jedoch umfaßt dieser vielleicht nur die Südgruppe (von Beirût an südlich), während die Nordgruppe nicht darunter begriffen wird. Beider Sprachen zeigen dialektische Unterschiede, und die beiden Teile sind politisch nie vereint gewesen. In der Blütezeit bestehen als Königreiche: Arvad, Byblos im Norden, Sidon und Tyrus im Süden, letztere zeitweilig vereinigt unter der Herrschaft der Könige des einen von beiden. Diese nennen sich „König der Sidonier", ursprünglich galt also wohl Sidon als Vorort.

Um 2800: Sargon erobert Amurrû (alles Gebiet rechts vom Euphrat, die syrische Wüste eingeschlossen hier darunter verstanden?) und unternimmt einen Vorstoß „über das Meer des Westens" (S. 80), der die Verfügung über Schiffe und Häfen voraussetzt, die wohl nur die phönizischen sein können.

Die eigentliche phönizische Bevölkerung muß als Bestandteil der großen zweiten semitischen Wanderung (S. 3) in ihre Wohnsitze gekommen sein und zwar als eine der früheren Schichten. Ihr Vordringen würde man in die Zeit nach Sargon setzen müssen, die Wanderung bleibt im Fluß durch das Vordringen späterer Schichten, wie noch im 15. Jahrhundert deutlich ist.

Um 2200: Ḫammurabi (S. 11) wird König von Mar·tu (Amurru) genannt, in einer Inschrift, welche der Göttin Ašrat geweiht ist. Auch Ammisatana führt den Königstitel von Mar·tu.

Seit 1500: Ägypten erobert unter der 18. Dynastie Palästina und Syrien bis an den Euphrat.

Um 1500: Thutmosis I. besetzt als erster Palästina.

Um 1480: Thutmosis III. unternimmt mehrere Feldzüge nach Kanaan und Phönizien. Arvad erobert.

Um 1435: Amenophis' II. Züge nach Syrien (Nî).

Um 1400: Der Tontafelfund[1] von Tel-Amarna (Residenz Amenophis' IV.) gibt ein Bild von den Zuständen in Phönizien und Palästina unter Amenophis III. und IV. Man schreibt Keilschrift in einem kanaanäisch stark zurechtgemachten Babylonisch, dessen sich auch der Pharao bedient. Das Land gehört Ägypten bis etwa in die Gegend von Aleppo, wo sich das Vordringen der Ḫatti (S. 57) bemerkbar macht. Im Norden ist Arvad von dem im Hinterlande sitzenden Fürsten der Amuri (Amoriter) Abd-Ašrat und seinem Sohne Aziri besetzt worden und dieser bedroht die übrigen festen Plätze. Es besteht ein Gegensatz zwischen einer erobernden, also noch nicht ansässigen Bevölkerung und der alten, die unter ihren Fürsten (ḫazanûti = Stadtherren, Stadtkönige) steht. Der Gesamtname für diese erobernde Bevölkerung scheint Ḫabiri (d. i. ʿibrî = Hebräer?) zu sein. Die alten Städte stehen unter einzelnen Fürsten, die nicht den Titel König, sondern Stammeshaupt (im Titel: amelu, von der Stadt ....., babylonische Bezeichnung: ḫazanu) führen. Als solche gelten auch die der verschiedenen phönizischen späteren Königsstädte.

Das sind: Rib-Addi in Byblos, Ammunira in Beirût, Zimridi in Sidon, Abi-milki in Tyrus, Zatatna in Akko. Diese stehen im Kampfe gegeneinander und werden namentlich im Norden (Byblos) von Aziri bedrängt.

Aus dem gleichen Zeitraume sind bekannt zwei Siegelzylinder zweier Fürsten (amelu) von Sidon mit dem Namen in Keilschrift und ägyptisierender Darstellung (Adumu und Annija, Sohn Adumu's).

Kadašman-ḫarbe I. sucht eine Straße von Babylonien durch die Steppe nach dem Westen zu sichern (S. 14).

14./13. Jahrhundert: Vordringen der Ḫatti, welche den Norden von Palästina besetzen (S. 57).

13. Jahrhundert: Herstellung der ägyptischen Oberhoheit unter Ahmes I. und Ramses II. Durch den Vertrag mit Ḫattusar

---

[1]) Gleichartige Tontafeln sind in Palästina selbst gefunden worden bei Ausgrabungen in Lakiš (Tel-Hesy) und Taʿanak.

wird der Norden an die Ḫatti abgetreten. Die Inschrift Ramses' II. am Nahr-el-kelb.

12. Jahrhundert (?): Bericht über eine Handelsreise eines ägyptischen Beamten, um Bauholz aus dem Libanon zu holen, welche ihn nach Dôr, Tyrus und Byblos (König Zakar-ba'al) führt, zeigt, daß keine ägyptische Oberhoheit ausgeübt.

Die „Seevölker" (S. 80) dringen in Kanaan ein, ein Teil von ihnen sind die Pulusata = Philister, welche die südliche Küste besetzen, wo bis dahin eine „kanaanäische" Bevölkerung geherrscht haben muß.

Um 1120: Nabu-kuduri-uṣur I. als letzter Babylonier in Amurri (?).

Um 1100: Tiglat-Pilesar I. erwirbt durch Besiegung der Ḫatti deren Ansprüche auf Nordpalästina. Er dringt bis Arvad vor, wo er „auf das Meer hinaus" fährt und Geschenke des Pharao (S. 34) empfängt.

11. Jahrhundert: Palästina von Ägyptern und Assyrern (Ḫatti) sich selbst überlassen, die dortigen Völker entwickeln sich selbständig, es kommt deshalb zur Bildung größerer Staaten: Juda-Israel, Damaskus (S. 66). Auch die Phönizierfürsten können ihre Nachbarn unterjochen; schon die Tel-Amarna-Briefe zeigen Versuche dazu, welche durch die Oberherren verhindert zu werden pflegten. So wird das Königshaus von Tyrus mächtig und scheint Sidon, die „Mutterstadt der Sidonier", unterworfen zu haben, so daß also seine Könige sich „König der Sidonier" nennen und beide Städte beherrschen. Unabhängig davon sind die beiden nordphönizischen Königreiche, und die Herstellung einer Oberhoheit führt stets zur „Befreiung" Sidons.

Um 980: Abi-ba'al, Zeitgenosse Davids.

Etwa 968—935: Hiram I., Sohn d. Vor., baut den Stadtteil Eurychoros, den Tempel von Melḳart und Astarte. Unterwirft Kition (*Κιτιαιους* statt *Ιτυκαιους*?) auf Cypern, Ḳart-ḫadast „Neustadt" genannt. Das „Freundschaftsverhältnis" zu Salomo ist tatsächlich eine Oberhoheit. Die gemeinsamen „Fahrten nach Ophir" sind Handelsunternehmungen, zu welchen Salomo den Hafen und die Schiffe stellen muß, da das Rote Meer den Phöniziern sonst nicht zugänglich ist.

Über etwaige Inschriften aus seiner (?) Zeit s. unter Hiram II.

ca. 934—918: Ba'al-'azar (*Βαλβαζερος*), Sohn d. Vor.

Der Pharao Šošenḳ stellt für kurze Zeit die ägyptische Herrschaft in Palästina (unter Rehabeam und Jerobeam) wieder her, was wohl mit einer Einschränkung der Macht von Tyrus verbunden gewesen sein wird.

ca. 917—909: Abd-Astart, Sohn d. Vor. Er wird ermordet von den „vier Söhnen seiner Amme"; von diesen regiert:

ca. 908—897: Metu-Astart; dann

ca. 896—888: *Ἀσϑερυμος*, Bruder d. Vor. Dieser wird umgebracht von seinem Bruder

888: Phelles, regiert 8 Monate. Dieser wird gestürzt von

ca. 887—876: Itho-ba'al I., dem „Priester der Astarte“. Wiederherstellung der Macht von Tyrus wie zu Hirams Zeit (auch Herr von Sidon?), maßgebender Einfluß auf Israel unter der Dynastie Omris. Ahab heiratet Izebel, die Tochter Ithoba'als. Der Prophet Elia wirkt auf tyrischem wie israelitischem Boden.

Eine in der Bibel (1. Kön. 17) erwähnte Dürre war auch in den tyrischen Annalen berichtet.

876 oder 868 (dann unter Mettên): Assurnasirpal erscheint in Phönizien (S. 36). Tribut aller Phönizierstaaten: Arvad, Byblos, Sidon, Tyrus (beide also jetzt wieder getrennt!); daneben noch genannt: Maḫallat, Maiṣa, Ḳaiṣa, Amurrî. Relief am Nahr-el-kelb (?).

ca. 875—870: Ba'al-'azar (? *Βαλεζωρος*) II., Sohn d. Vor.

ca. 869—861: Mettên (*Ματτηνος*) I., Sohn d. Vor. Unter ihm erscheint Assurnasirpal?

ca. 860—814: Pygmalion. Unter ihn (7. Jahr) die Gründung Karthagos durch Elissa gesetzt.

854: Salmanasar II. nennt als Vasallen Bir-'idri's von Damaskus: Mattinu-ba'al von Arvad (vgl. 876!), Usnû (König nicht genannt), Adon-ba'al von Sianna, und Irḳana (= Arḳa?) von nordphönizischen Städten. Die südlichen halten also zu Assyrien.

842: Salmanasar II. nennt Tyrus und Sidon (getrennt!) als tributpflichtig (Byblos nicht). Sein Relief am Nahr-el-kelb (Ba'al-ra's) beim Zuge gegen Damaskus.

839: Salmanasars letzter Zug gegen Damaskus (S. 67). Tribut von Tyrus, Sidon und Byblos.

Um 790: Unter Adad-nirari III. der assyrische Einfluß durch Unterwerfung von Damaskus auf ganz Palästina gesichert: „ganz Amurrî (worin Arvad und Byblos einbegriffen sind), Tyrus und Sidon, tributpflichtig“.

Widerstand haben die phönizischen Städte den Assyrern bis dahin nicht geleistet, die beiden nördlichen auch später nicht. Die Zeit von 770—740 ist durch Assyriens Ohnmacht Palästina wieder sich selbst überlassen und ebenso wie Damaskus (S. 67) kann der andere Staat, welcher eine große Rolle spielte, seinen Einfluß wieder herstellen: Tyrus hat seine Vorherrschaft über Sidon wie unter Hiram und Ithoba'al wiedergewonnen, da Tiglat-Pileser III. Sidon nicht als tributpflichtig erwähnt, es also unter Tyrus einbegreift.

738: Die nordphönizischen Städte, welche unter Oberhoheit von Hamat (Damaskus) gestanden hatten (Arḳa, Sianna u. a. vgl. 854) kommen zur neu errichteten assyrischen Provinz Ṣimirra.

738: Ḫirummu (Ḫiram II.) von Tyrus zahlt Tribut, ebenso Sipidti-biʿil von Byblos (Arvad ebenfalls nicht genannt).

Zwei Inschriften mit Weihungen der Statthalter Hirams in Ḳart-ḫadast auf Cypern, in Kition gefunden, unter Hiram II. oder I. gehörig? Sie wären im letzteren Falle die ältesten Denkmäler in phönizischer Buchstabenschrift.

Etwa 729/28: Metenâ (Mettên) II. assyrischer Zug, der die Unterwerfung des neuen Königs sichert.

727—701: Lulî (Elulaios) beherrscht Tyrus und Sidon.

Um 725: Er versucht von Assyrien abzufallen, wird aber von Salmanasar IV. wieder zur Unterwerfung gezwungen. Vertrag mit Assyrien.

720: Aufstand der Provinz Ṣimirra zusammen mit Hamat, Arpad, Samaria.

Um 705: Sargon spricht von einer „Beruhigung von Tyrus" (vor Feinden: Griechen?).

701: Aufstand von Palästina unter Führung von Juda und Lulî. Sinaḫerib besetzt (S. 42) alle Städte des Gebiets der „Sidonier" mit Ausnahme von Tyrus, das also in seinem Widerstande erfolgreich beharrt. Lulî flieht nach einer Insel (Cypern), wo er stirbt. Sanherib setzt in Sidon wieder einen König ein, der das ganze sidonische und tyrische Küstengebiet (Ušû gegenüber der Insel Tyrus = Palaityros, Akzib, Akko) erhält:

701—?: Itho-baʿal (Tubaʿal) II., König von Sidon.

700—nach 668: Baʿal, König von Tyrus, ist wohl Nachfolger von Lulî und besitzt nur Insel-Tyrus. Er scheint in seinem Widerstande gegen Assyrien durch Rückhalt der seefahrenden Staaten unterstützt worden zu sein. In diese Zeit gehört wohl die Meerherrschaft (Thalassokratie) der Phönizier d. i. Tyrier über das ägäische Meer d. h. die „Hegemonie" über einen Bund der Seestaaten.

701: Sinaḫerib nennt als phönizische Könige noch: Abd-li'ti von Arvad, Uru-milki von Byblos, Minḫimmu (d. i. Menaḫem) von Sams-marôn.

?—678: Abd-milkôt, König von Sidon, fällt wohl bald nach seiner Thronbesteigung (also seit etwa 680?) von Assyrien ab, im Bündnis mit einem cilicischen Fürsten (S. 44. 60), der also wohl als Gegner der übrigen Inselstaaten mit dem Rivalen von Tyrus Fühlung suchte. 678 wird Sidon erobert und zerstört. Auf dem Festlande (es soll bis dahin auf einer Insel gelegen haben) wird eine assyrische Stadt gebaut. Für die Folge gibt es also keine Stadt Sidon mehr, die wohl erst unter persischer Herrschaft (durch Kyros?) ihre alten Rechte zurückerhält und seitdem wieder als Vorort der Phönizier erscheint.

673(?)—668: Ba'al von Tyrus im Bunde mit Taharka von Kuš-Ägypten, fällt von Assyrien ab. Fünfjährige Belagerung durch Assur-aḫ-iddin mit dazwischen liegender Unterwerfung und wiederholtem Abfall nach Taharkas Rückkehr nach Ägypten (S. 45). 668 endgültige Unterwerfung unter Assurbanipal.

Um 675: Milki-asaph, König von Arvad, Mattan-ba'al von Byblos, Abiba'al von Sams-marôn (s. 701).

Um 670: Jakin-lô, König von Arvad, im Aufstande gegen Assarhaddon (das einzige Beispiel eines Widerstandes von Arvad), unterwirft sich um 668 Assurbanipal. Später wird nach seinem Tode sein Sohn Azi-ba'al von Assurbanipal als König bestätigt.

Um 640: Aufstand der seit 670 nach dem Falle von Sidon unter assyrische Verwaltung gekommenen Städte Ušû (s. 701) und Akko durch Assurbanipal niedergeworfen.

608—605: Necho unterwirft Palästina und Syrien bis an den Euphrat.

606: Durch den Fall von Ninive kommt Phönizien unter die Herrschaft Babylons, selbständig sind nur noch Arvad, Byblos und Tyrus, das aber seit 701 keine Besitzungen von Bedeutung auf dem Festlande mehr hat.

605: Nach der Schlacht bei Karkemiš vertreibt Nebukadnezar Necho aus Palästina.

602: Nebukadnezar im Antilibanon (Ribla) zur Niederwerfung eines Aufstandes der „Ḫatti" (d. i. Phönizien-Palästina).

588: Der Pharao Hophra unternimmt einen Vorstoß gegen die babylonische Herrschaft in Palästina, wohl mit Unterstützung der Seestaaten, deren Hegemonie (vgl. unter Ba'al von Tyrus) seit Necho an Ägypten übergegangen zu sein scheint. Er soll Sidon — als babylonische Provinzstadt (?!) belagert — und gegen Tyrus einen Seekrieg geführt haben (Herodot II 161).

Vielleicht handelt es sich nur um einen Versuch, die Ansprüche der Hegemonie auf das einst zum Bunde gehörige Tyrus geltend zu machen; eine Belagerung von Sidon ist sehr zweifelhaft. Tyrus scheint sich ihm angeschlossen zu haben, denn es fällt von Nebukadnezar ab:

587—574: Tyrus gleichzeitig mit Juda (vgl. 701) im Widerstande gegen Nebukadnezar, wird 13 Jahre belagert (sein Widerstand erklärt sich aus der Herrschaft über die See und der etwaigen Unterstützung durch die Seestaaten).

574: Itho-ba'al III., der König, unter dem die Belagerung stattgefunden, ergibt sich und wird nach Babylon abgeführt, Tyrus bleibt selbständig.

574—564: Ba'al II.

563: als Richter (d. i. Šofeṭîm) Adoni-ba'al (? *Εκνιβαλος*) 2 Monate, Kalbâ *(Χελβης)* 10 Monate, *Ἀββαρος* der *ἀρχιερευς* 3 Monate.

562—556: als Richter: Metên und Gêr-Astart, Söhne Abd-elîm's und „zwischen beiden“ *Βαλατορος* als König 1 Jahr.

555—552: Mer-ba'al, den man aus Babylon kommen läßt. Er war also dort als Nachkomme Itho-ba'als im Exil (wie Jojachin von Juda) und wurde (von Nabu-na'id?) zum König bestimmt.

553: Nabu-na'id erwähnt, daß alle Könige bis nach Gaza ihre Beisteuer für den Bau des Tempels von Harran geben.

551—531: Hiram III. ebenfalls aus Babylon geholt: „unter ihm kam Kyros zur Herrschaft“.

Unter der persischen Herrschaft findet eine Neuordnung der Verhältnisse in Palästina statt. Wie die Juden, so werden auch die Sidonier die „Freiheit“ zurückerhalten haben. Seitdem besteht Sidon wieder neben Tyrus und den beiden nördlichen Staaten selbständig und hat die Hegemonie. Der König von Sidon ist der Führer des phönizischen Teiles der Flotte.

B. Beziehungen Babyloniens und Assyriens zum Mittelmeer.

Um 2800: Sargon von Agade „über das Meer des Westens ging er, drei Jahre im Westen .... besiegte er, seine (des Landes) Rede machte er einheitlich, seine Bildsäulen im Westen errichtete er. Ihre Gefangenen in Menge brachte er über das Meer“.

2. Jahrtausend: Die Besiedlung des Westbeckens durch eine „phönizische“ Bevölkerung ist eine Erscheinung der großen zweiten (S. 3. 74) Wanderung?

15. Jahrhundert: Briefe des Königs von Alašia (Cypern) an den Pharao aus dem Funde von Tel-Amarna (S. 13). Alašia wird von den Lukki (S. 56) heimgesucht.

14.—12. Jahrhundert: Die „Seevölker“ im Ostbecken und in Palästina (Philister S. 58. 76).

Um 1100: Tiglat-Pilesar I. fährt in Arvad „auf das Meer hinaus“.

Um 960: Hiram I. erobert und begründet Kition = Ḳart-ḫadast auf Cypern (S. 76)?

Inschriften von Statthaltern eines Hiram I. oder II. in Ḳart-ḫadast (S. 78)?

734—709: „Thalassokratie“ der „Phryger“ d. h. von Midas. Durch seine Anerkennung von Sargons Schutzhoheit tritt dieser die Führung im Bunde der Seemächte ab. Sargon überträgt sie auf seine cyprischen Vasallen.

709: Sieben Könige von Cypern melden Sargon ihre Unterwerfung nach Babylon. Es sind wohl solche, welche nicht unter der Herrschaft von Tyrus stehen. Sargons Stele in Kition errichtet. Jawnai (Jonier) machen sich bemerkbar an den Küsten und werden von Sargon geschlagen („Tyrus und Ḳue = Cilicien beruhigt", vgl. S. 78).

Nach der Thalassokratienliste folgt (33 oder 23 Jahre) auf die Seeherrschaft der Phryger eine von Cypern.

701: Lulî von Tyrus flieht auf eine Insel (seine Besitzungen auf Cypern?).

Um 695: Einfälle von „Joniern" in Cilicien von Sinaḫerib zurückgeschlagen (vgl. Sargon).

Um 673 und 668: Assur-aḫ-iddin und Assurbanipal nennen zehn Könige cyprischer Städte, welche ihnen Tribut zahlen und mit den phönizischen Staaten eine Flotte für den ägyptischen Feldzug stellen müssen.

Unter Assur-aḫ-iddin wurden noch auf Jadanana = Cypern Verwickelungen mit einem Könige ?-si-ti-ba'al, Enkel von Kar-e-ḫi erwähnt.

Seit etwa 675: Die Thalassokratie gehört den „Phöniziern" (S. 73).

609: Necho beherrscht die See und unterstützt seinen Zug nach Syrien (S. 23) dadurch. „Thalassokratie der Ägypter."

Um 600: Thalassokratie von Milet. Gründung von Naukratis in Ägypten mit Monopolrechten der Griechen.

Um 585: Thalassokratie der Karer d. h. Lyder: Alyattes (S. 61) hat durch die Unterwerfung der Griechenstädte auch die Herrschaft über den Seebund erlangt.

567: Nebukadnezar nennt als Verbündeten seines Gegners Amasis von Ägypten (S. 24) einen König . . . kû von Puṭu-jawan (Pittakos von Lesbos?). „Thalassokratie von Lesbos."

Pittakos hatte die Adelsherrschaft in Mitylene gebrochen, und Alkaios und dessen Bruder Antimenidas verbannt. Letzterer nimmt Dienste beim König von Babylon (Nebukadnezar). — Ein König einer „fernen Insel des oberen (= mittelländischen) Meeres hat Nebukadnezar eine Beisteuer zum Bau des Stufenturmes von Babylon gegeben. Es scheint nicht Cypern gemeint zu sein, also wohl Samos?

VIII. Medien.

Die an Babylonien und Elam anstoßenden Grenzgebiete sind wohl meist von Völkerschaften besetzt gewesen, deren Stammverwandte wir in Elam am besten kennen lernen. Nach Westen stößt das in Betracht kommende Gebiet an Assyrien, im Nordosten an den armenischen Bereich (Man). Nach Osten ist es den Einwanderungen aus dem inneren Asien ausgesetzt. Die Bevölkerung, welche im inneren Medien und weiter nach dem Osten hin sitzt, wird schon in ältester Zeit mit dem Sammelnamen umman Manda „Manda-Horden" bezeichnet und gilt als unzivilisiert und nomadisch, also etwa wie die „Skythen" der Griechen. Sie werden stets als bedrohlich für das Kulturland angesehen. Gesamtbezeichnung des Landes ist in alter Zeit Anṣan, das meist mit Suri (S. 26) zu einem Begriffe zusammengefaßt wird. Bereits in hohem Altertum ist das Volk der Lulumî oder Lulubî an Nordbabylonien und Ostassyrien anstoßend bezeugt, das von den ersten Assyrerkönigen bekriegt wird. Gegen Nordbabylonien (und das östliche Assyrien) hin liegt im Digala-Gebiete Arpaḫ, das ebenfalls zeitweise als eigenes Land gilt. Babylonien, dann Assyrien unternehmen je nach ihren Machtverhältnissen Vorstöße, welche die Grenzländer in das Verhältnis von Vasallen und selbst Provinzen bringen (Ḫarḫar unter Sargon), das innere Medien ist aber nie wirklich unterworfen worden (s. jedoch 737!).

3. Jahrtausend (?): Inschrift des Anu-banini, Königs der Lulubî im Zagros, in Stil und Sprache einer Inschrift der Naram-Sin-Zeit (S. 8. 48).

Die umman Manda werden unter Sargon von Agade erwähnt.

17. Jahrhundert u. ff.: Die Kassiten scheinen im Anfang ihrer Ausbreitung auch Medien besessen zu haben (vgl. Kak-rime S. 13).

13. Jahrhundert: Adad-nirari — Salmanasar I. unterwerfen die Lulumî.

Um 1100: Nabu-kuduri-uṣur I. unterwirft das Grenzland Namri gelegentlich seiner elamitischen Feldzüge (S. 16), ebenso Lulumî (Lulubî).

836: Erste Erwähnung der Amadai = Madai = indogermanische Meder auf Salmanasars II. Zuge gegen Namri (S. 37).

Babylonien ist zu ohnmächtig um etwas gegen die Grenzländer zu unternehmen, diese werden daher nur von Assyrien unterworfen. Babylon (die chaldäischen Könige) bedient sich ihrer im Gegenteil gelegentlich als Verbündeter gegen Assyrien (S. 19, 21).

Um 820: Zug Šamši-Adads gegen Westmedien (S. 38).

Um 790: Adad-nirari III. nennt sowohl die Grenzländer als die Madai als unterworfen (S. 38):

794. 790: Adad-nirari „gegen Madai".

774: Salmanasar III. nach Namri.

766: Assurdan „gegen Madai".

749. 748: Assur-nirari nach Namri (seine einzigen — vgl. S. 39 — Feldzüge), wohl durch Unruhen veranlaßt.

744: Tiglat-Pilesar III. zieht ebenfalls noch vor der Aufnahme der Feindseligkeiten gegen Urarṭu (S. 63) und Arpad nach Namri.

737: Tiglat-Pilesar „gegen Madai". Er bezeichnet die Meder stets als die „gefährlichen" (vgl. die umman Manda S. 82).

Der Bericht der Annalen ist erhalten; Grenzgebiete, die an Nordbabylonien und Naïri anstoßen, werden gesichert, dabei wird erwähnt „Silḫaz, das eine (alte) babylonische Festung sein soll" — also eine babylonische Kolonie, die von Babylon mit Marduk-Kult gegründet worden war.

716: Der Aufstand von Man (S. 61) wird unterstützt durch die Zigirtu (= Sagarthier?) unter ihrem Fürsten Mitatti, Umildiš (Fürst Bagdatti), Misianda. In Nordwestmedien Allabra und Karalla, Niksamma und Šurgadia (zur Provinz Parsuaš) wieder unterworfen. Kišesim im westlichen Medien, die Provinz Ḫarḫar eingerichtet. 28 medische Häuptlinge, deren deutlich indogermanische Namen aufgezählt werden, zahlen Tribut.

714: Sargon in Man, einige medische Städte unterwerfen sich. Mitatti von Zigirtu geschlagen, seine Hauptstadt Parda genommen, die Zigirtu „verschwinden" aus dem Lande.

713: Empörung von Karalla niedergeschlagen. Ein Gau Bêt-Daiukku in der Nachbarschaft von Ellipi und Karalla dabei beteiligt.

708: In Ellipi (an Elam angrenzend) stirbt der König Dalta; seine Söhne Nibe und Ispabâra suchen sich mit elamitischer (S. 52) und assyrischer Hilfe den Thron zu sichern; Ispabâra in der Hauptstadt Marubisti von Sargon eingesetzt.

702: Ispabâra fällt von Sinaḫerib ab (S. 42), sein Gebiet wird zur Provinz Ḫarḫar geschlagen.

Sinaḫerib erhält Tribut von „den fernen Medern, deren Namen von meinen Vorgängern niemand gehört hatte"!

Seit etwa 700 beginnen die Indogermanen sich am Urumiyasee und südlich davon auszubreiten, nachdem der erste Ansturm (Zigirtu) zurückgewiesen worden war. Während die Meder eine schon länger ansässige Schicht darstellen, dringen neue Scharen nach, welche in den von Assyrien und Urarṭu beherrschten Gebieten sich festzusetzen suchen. Es sind namentlich das Volk der Kimmerier

(Gimirri), die zunächst im Gebiete von Urarṭu sich bemerkbar machen und das der Aškuza, welche östlich davon in Man am Urumiyasee sich festsetzen. Von diesen treten die Aškuza, nachdem sie sich einmal festgesetzt, in ein freundliches Verhältnis zu Assyrien unter ihren Königen Bartatua (Protothyas bei Herodot), der eine Tochter Assur-aḫ-iddins zur Frau erhält(?) und Madyas (S. 44. 85). Sie sind die Gegner ihrer westlichen Nachbarn, der Kimmerier, welche von ihnen westwärts gedrängt werden und nach Kleinasien ziehen, das sie überschwemmen. Zu den Kimmeriern scheinen die Saparda (Führer Dusanni) und Trerer zu gehören (S. 60), die wohl spätere Nachschübe darstellen. Saparda erscheint in der Perserzeit und bei den Seleukiden als Name Kleinasiens (Lydien, Phrygien), woraus sich ergibt, daß dieses Volk eine wichtige Rolle bei der Einwanderung gespielt haben muß. Im Osten in der Nähe des Urumiyasees und im Zusammenhange mit Kimmeriern, Man und Medern wird ein Fürst Kastarit (d. i. Ḫšatrita) genannt.

Zahlreiche Orakelanfragen Assarhaddons zeigen die Beunruhigung der assyrischen Grenzgebiete durch die neuen Stämme.

Um 675: Assur-aḫ-iddin schlägt „Teuspa (vgl. die Namen der Vorgänger Kyros' S. 54), den Kimmerier, einen Manda (S. 82), von fernem Orte im Lande Ḫubušna" (sonst unbekannt).

Niederwerfung von Man, „der unbotmäßigen Ḳutäer" (S. 61), und der mit ihm verbündeten Aškuza unter Ispakai.

Sitirparna und Eparna, medische Häuptlinge, werden aus Patušarra am Biknigebirge (Demavend?) gefangen nach Assyrien geführt.

Uppê von Partakka, Sanasana von Partukka, Ramatêa von Urakazabarna, „Meder, fern wohnend, die früher Assyriens Boden nicht betreten hatten", erbitten Assur-aḫ-iddins Hilfe bei heimischen Streitigkeiten und werden von dessen Feldherrn wieder eingesetzt.

Um 665: Assurbanipal unternimmt im Anfange seiner Regierung einen Zug nach Man, wo Aḫšeri noch einmal unterworfen wird, dann verlautet nichts mehr von jenen Gegenden, wo sich nun das Königreich der Aškuza entwickelt.

Im Anschlusse an den Feldzug gegen Man wird von Assurbanipal die Unterwerfung des medischen Häuptlings Biriçhadri und des Sarati und Pariḫi, Söhne des Gâgi, des Häuptlings von Saḫi, berichtet.

Um 640: Die Erschütterung Assyriens durch den babylonischen Krieg gibt den indogermanischen Völkern freie Bahn, die Vernichtung Elams (S. 54) eröffnet ihnen dieses, wie die Urarṭus den Kimmeriern. Auch in Medien kommt es zur Bildung eines nationalen

Königtums, das nach den assyrischen Nachrichten bis dahin nicht bestanden haben kann, in Ekbatana (Hangmatana).

Nach Herodot ist der Begründer des medischen Reiches, Deiokes, Sohn von Phraortes (700—647). Der Name ist identisch mit dem eines von Sargon erwähnten Gaues (S. 83). Sein Nachfolger war nach Herodot sein Sohn

646—625: Phraortes (in Wahrheit: Astyages I.?). Begründer eines Heeres, unterwirft die Perser, dehnt also die medische Macht über andere Völker aus. Greift Assyrien an und fällt dabei. Er ist wohl derjenige, nicht Kyaxares, unter dem Madyas, der König der Aškuza (S. 84), Sohn des um 670 erwähnten Bartatua, Ninive zu Hilfe zieht und die Meder vernichtet, worauf eine „28jährige Herrschaft" der „Skythen" (= Aškuza) über „Asien" folgt.

624—585: Kyaxares (Uvakistara), Sohn d. Vor. Begründer eines stehenden Heeres und wohl des eigentlichen Mederstaates. Er stürzt die Herrschaft der „Skythen". Bündnis mit Babylonien.

606: Zerstörung von Ninive nach vorhergegangener Verwüstung Mesopotamiens. Auch die übrigen babylonischen Städte, welche zu Assyrien hielten, verwüstet (S. 46).

557: Die Schlacht am Halys gegen Lydien. Das medische Reich umfaßt die Länder vom Halys im Westen bis an die Grenze Elams (das babylonisch ist: S. 54?) im Südosten, den Umfang der Gebiete „Anṣan und Suri" nach altbabylonischer Bezeichnung. Freundschaft mit Babylonien.

584—550: Astyages, Sohn d. Vor. Das gute Verhältnis zu Babylonien scheint seit Nebukadnezars Tode getrübt zu sein. Kämpfe unter Neriglissor (S. 24)?

556: Bei Nabuna'ids Regierungsantritt stehen medische Truppen in Mesopotamien und belagern Harran.

553: Kyros, König von Anṣan (S. 54), ein Vasallenfürst, empört sich als Führer der Perser gegen Astyages.

550: Er erobert Ekbatana und macht der Mederherrschaft ein Ende. Er wird dadurch zum Herrn des gesamten medischen Reiches, wo also dadurch ein Wechsel des herrschenden Volkes (Perser statt Meder) eintritt.

Nach 549: Kyros wendet sich zunächst nach Westen, wo er Lydien (Kroisos S. 61) unterwirft: Schlacht bei Pteria. Eroberung von Sardes. Kyros Herr von ganz Vorderasien mit Ausnahme des babylonischen Besitzes. Er greift Babylonien, dessen Gebiet er von Norden vollkommen umfaßt, im Lande selbst an, begünstigt durch die innern Unruhen.

539: Einnahme von Babylon (S. 25). Damit fällt das Gebiet bis an die Südgrenze Palästinas an Kyros als seinen Oberherrn.

Das persische Reich erstreckt sich vom fernen Osten bis an das Mittelmeer, das ganze westliche Asien steht unter der Herrschaft eines indogermanischen Volkes, ohne daß aber die Bevölkerung westlich der Tigrislinie dadurch in ihrer Zusammensetzung beeinflußt wird.

Hauptstadt des Reiches zunächst wohl Susa, der Königssitz, zu dessen Bereiche Kyros' Stammland Anṣan gehörte. Titel „König der Länder" von dort übernommen?

Kyros stützt sich auf die alten Kulturländer statt auf das Persertum. Deshalb kommt es unter Kambyses zum Aufstande der östlichen Reichshälfte unter Bardiya, die mit einem Siege des Persertums unter Darius endet.

FSC
www.fsc.org
MIX
Papier | Fördert
gute Waldnutzung
FSC® C083411

Zeitfracht Medien GmbH
Ferdinand-Jühlke-Straße 7
99095 Erfurt, Deutschland
produktsicherheit@kolibri360.de